中公新書 2779

松尾剛次著

日　蓮

「闘う仏教者」の実像

中央公論新社刊

はじめに

「雨ニモマケズ　風ニモマケズ」に始まる宮沢賢治《みやざわけんじ》の詩はきわめて著名である。賢治は、昭和六年（一九三一）一一月三日から六日前後に、この詩を手帳に記したとされる。手帳には「11・3」とあるので、一一月三日に書いたのであろう。賢治は、三五歳の時であった。肺炎のせいで同年九月一九日には遺書を書くほど体調が悪化していて、死を意識しつつ、病床に就いていた。

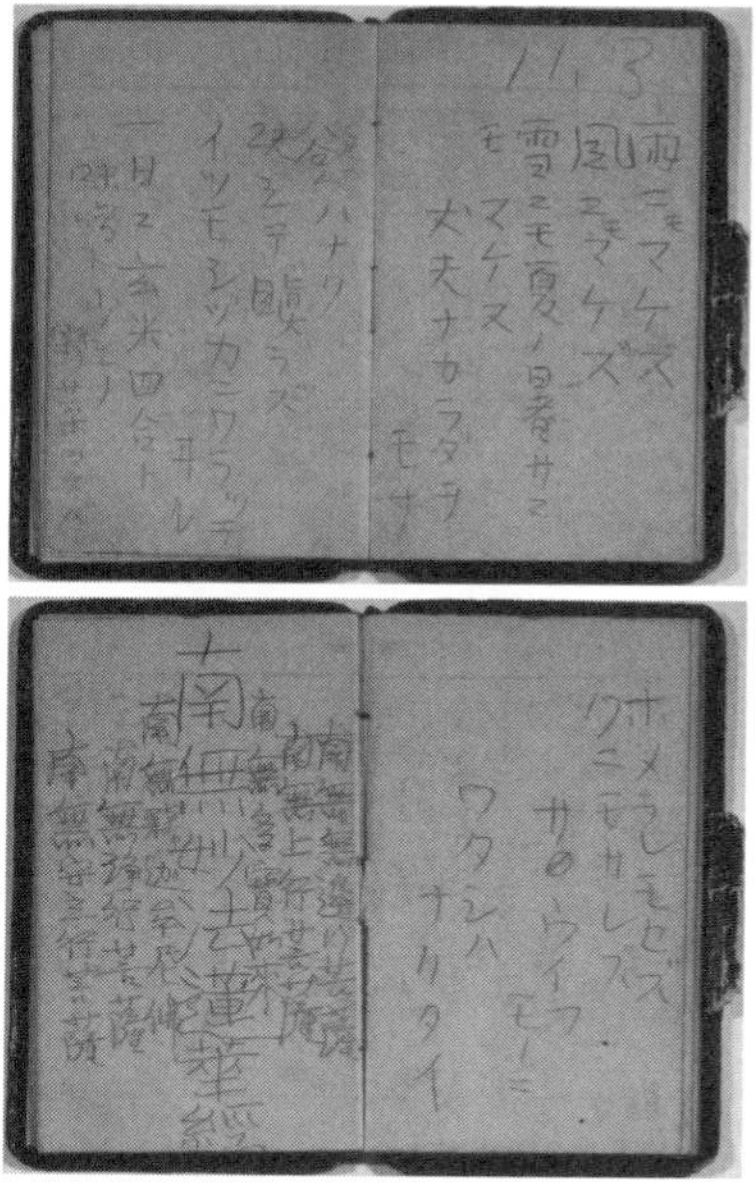

「雨ニモマケズ」の詩が記された手帳の冒頭と末尾。林風舎所蔵。

内容はよく知られているように、慎ましくも健康で平凡な生活をし、物知りぶらず、お節介なほどの善良な人であることを願う思いが端的に謳《うた》われている。素朴な農民詩人賢治の詩として、人口に膾炙《かいしゃ》してきた。

だが、この詩の末尾が次の七行であることはあまり知られていないかもしれない。

南無《なむ》無辺行《むへんぎょう》菩薩《ぼさつ》
南無《なむ》上行《じょうぎょう》菩薩《ぼさつ》
南無《なむ》多宝如来《たほうにょらい》
南無《なむ》妙法蓮華経《みょうほうれんげきょう》
南無《なむ》釈迦牟尼仏《しゃかむにぶつ》
南無《なむ》浄行《じょうぎょう》菩薩《ぼさつ》
南無《なむ》安立行《あんりゅうぎょう》菩薩《ぼさつ》

『日蓮』と題する本書を「雨ニモマケズ」の詩の引用から始めたのは、他《ほか》でもない。この詩が、賢治の日蓮信仰に基づく作品だからである。もちろん、作者と作品は別ものであり、農民詩人賢治の素朴な詩として理解し、楽しみ、味わうことは、それはそれで正しい。だが、作者の意図に沿って、作品を理解しようとすれば、この詩には、その背景に賢治の法華経信仰、日蓮信仰があることを無視できない。

というのも、賢治は大正九年（一九二〇）以来、国柱会《こくちゅうかい》の熱心な会員だったからだ。国柱会は田中智学《たなかちがく》が興した日蓮を祖と仰ぐ宗教政治団体である。賢治の国柱会への心酔ぶりは、大正九年一二月二日付の親友保阪嘉内《ほさかかない》宛の手紙に「今度私は国柱会信行部《しんぎょうぶ》に入会致しました。（中略）今や日蓮聖人《しょうにん》に従い奉る様《よう》に田中先生に絶対に服従致します。御命令さえあれば私はシベリアの凍原《とうげん》にも支那の内地にも参ります」と書いていることによく示されている。賢治は『法華経《ほけきょう》』に説かれるような、『法華経』と題目《だいもく》（「南無妙法蓮華経」）を広め、他者を救済しつつ成仏を目指す菩薩を人生の理想としていた。そのことは、詩の末尾に、「南無妙法蓮華経」を中心とする、日蓮の独創である「曼荼羅本尊《まんだらほんぞん》」の一部が記され、それら諸仏・菩薩への帰依《きえ》を表明していることに端的に表れている。なお、「南無」とは帰依を意味する仏教語である。

「曼荼羅本尊」などについては、本文で詳述するが、『法華経』の「従地涌出品《じゅうじゆじゅっぽん》第十五」には、釈迦如来《しゃかにょらい》が説法していたところ、急に大地が割れて、そこから無数の菩薩が出現した。その代表が、「雨ニモマケズ」の末尾に見える上行菩薩（仏の道は無上であっても仏道を修め必ず悟りに至る、という願いを有する）、無辺行菩薩（仏の教えは限りないものであるが必ず学び尽くす、という願いを有する）、浄行菩薩（煩悩《ぼんのう》の数は無数であっても必ずすべての煩悩を断ち切ってみせる、という願いを有する）、安立行菩薩（衆生《しゅじょう》の数は無数であっても必ず一切の衆生を救ってみせる、という願いを有する）の四菩薩である。賢治が傾倒していた国柱会の国柱とは、本文で扱う『開目抄《かいもくしょう》』で、日蓮が「国の柱とならん」と述べていることに由来するという。この賢治の詩のように、日本人に広く愛されてきた詩人や詩の背後にも日蓮の影響があり、作品を理解するには日蓮を知る必要があることに、まず注意を喚起したい。

「波木井の御影」「水鏡の御影」と呼ばれる日蓮聖人像。身延山久遠寺所蔵。

日蓮は、鎌倉時代前期の貞応《じょうおう》元年（承久《じょうきゅう》四年四月に改元、一二二二）に誕生し、弘安《こうあん》五年（一二八二）に亡くなった。その六一年にわたる人生は波乱万丈で起伏に富み、魅力に満ちている。日蓮が活躍した時代は、地震・疫病などの天変地異が頻発し、さらには日本が滅亡するかもしれない蒙古《もうこ》襲来という未曽有《みぞう》の危機に見舞われた。そうした危機的な状況を、日蓮は仏教の時代区分で言う末法《まっぽう》に入って二百余年後の状況と認識し、正法《しょうぼう》であると信じる『法華経』を広める活動を進めていった。その活動は激しい他宗批判を伴い、殉教の覚悟をもって行われ、伊豆《いず》、佐渡《さど》へ配流《はいる》されたほどである。

日蓮が生きた時代は法難もあって、さほど多くの信者を獲得できたとはいえないが、弟子たちの布教活動によって一五世紀には京都の町衆《まちしゅう》に浸透し、江戸時代初期の芸術家本阿弥《ほんあみ》光悦《こうえつ》、俵屋宗達《たわらやそうたつ》らも信者であった。

近代においては、先述の国柱会の田中智学や顕本法華宗《けんぽんほっけしゅう》の本多日生《ほんだにっしょう》が提唱した日蓮主義は、日本の中国侵略などを進めるイデオロギーの一つとなったほどである。日蓮主義は、日蓮の教えを信仰のレベルにとどめることなく、政治・社会・文化運動にまで拡張した点に大きな特徴がある。

日蓮主義は、『法華経』にもとづく仏教的な政教一致によって、天皇を中心とする日本統合と世界統一の実現により、理想世界の達成をめざした政治宗教運動であった。日蓮主義は極めて大きな影響力をもち、そのことは宮沢賢治はもちろんのこと、満州国《まんしゅうこく》建設の中心人物であった石原莞爾《いしはらかんじ》、テロリストの井上日召《いのうえにっしょう》らも国柱会の会員であり、田中智学の信奉者であったことからも窺《うかが》える。

また、霊友会《れいゆうかい》、立正佼成会《りっしょうこうせいかい》、創価学会《そうかがっかい》といった現在において大きな勢力を有する新宗教の教団が日蓮系である。とくに、創価学会は現在の新宗教教団の中で最大の信者数を誇り、政権与党公明党を支える在家教団である。

このように日蓮の宗教は、中世以来、近現代に至るまで人々に生きる力やモデルを与えてきた。本書では、以下、そうした人々の心を捉《とら》え、人々に生きる力を与えてきた「日蓮とは何か」を考察していこう。

日蓮に関する研究は数多くあるが、それは方法論的には二つの系統に分けることができる。思想史的研究（教理学的研究）と歴史学的研究である。

本書は、思想史的な成果に学びつつも、歴史学的な方法論を駆使して、日蓮の実像に迫ろうとしている。いわば、日蓮が生きた中世の宗教状況を明らかにしつつ、その中で日蓮の言説を見直したい。とりわけ、日蓮がライバル視し、激しく糾弾した鎌倉極楽寺《ごくらくじ》の僧忍性《にんしょう》との関わりにも注目しながら、日蓮の実像に迫りたい。

というのも、従来は、日蓮の主張ばかりに注目した研究がほとんどだからである。たとえば、日蓮は鎌倉幕府侍所《さむらいどころ》での裁判によって佐渡に配流されることになったが、その途中に竜ノ口《たつのくち》（現・神奈川県藤沢市片瀬）で首を切られそうになった。ところが、「光り物」の出現によって難を逃れ、佐渡に配流されたという。この文永《ぶんえい》八年（一二七一）の法難に関しては、日蓮側の主張のみに基づいて論じられてきたきらいがある。どういう訴訟経過があり、いかなる理由で配流され、後になぜ許されたのかなどはあまり論じられてこなかった。

そのため、江戸時代の仏教史書として知られる『本朝高僧伝《ほんちょうこうそうでん》』に、忍性が日蓮の赦免を求めたと記述されていることなどは、一切無視されている。『本朝高僧伝』は卍元《まんげん》師蛮《しばん》撰で、元禄《げんろく》一五年（一七〇二）に成立したものだが、師蛮は史料を博捜したうえで記述しており、その指摘は示唆《しさ》に富んでいる。

ここでは、訴えた忍性側からの主張にも注目することによって、当時の日蓮の本質が露《あら》わになると考える。白いものが黒いものを背景にすることによって、その輪郭を露わにするように、対立する両者の主張を通じて、日蓮の実像が明らかになると考えるからだ。

ところで、従来、日蓮の伝記を叙述する際の主な史料としては、日蓮の手紙や著述を編集した『昭和定本　日蓮聖人遺文』（以下、『日蓮遺文』。ただし、個々の日蓮の著作物を指す場合は「日蓮遺文」）が使用されてきた。その際、議論の的となるのが、「日蓮遺文」の真偽問題である。日蓮の真蹟《しんせき》（確実な自筆）が残っている「日蓮遺文」を別にすれば、写本しか残っていない「日蓮遺文」が多数ある。それは、明治八年（一八七五）の火災によって身延山《みのぶさん》（現・山梨県南巨摩郡身延町）に所蔵されていた「日蓮遺文」が焼失したからでもある。そのために、論者によって都合の悪いことが書かれている「日蓮遺文」で、真蹟が残っていない場合には、偽撰《ぎせん》として日蓮伝を論じる際に使用しないということがしばしば行われてきた。

たとえば、本文で詳述する『三大《さんだい》秘《ひ》法抄《ほうしょう》』の場合、政教一致を説いていることもあり、第二次世界大戦前においては、大いに重要視されてきた。また、戦後においても、創価学会の政界進出の理論的な裏付けを与える史料として重視された。だが、政教分離が重視されるようになると、真蹟がないことをもって、偽撰とされ、史料として使われなくなっていった。

本書でも『日蓮遺文』を主な史料として使わざるを得ないが、真蹟がない場合も、できる限り使用して、豊かな日蓮像を描いていく。また、真蹟があったとしても、当時の歴史状況を明らかにしたうえで、内容を鵜呑《うの》みにせずに批判的に使用していく。人間日蓮には記憶違いなどがあり得るからである。

目次

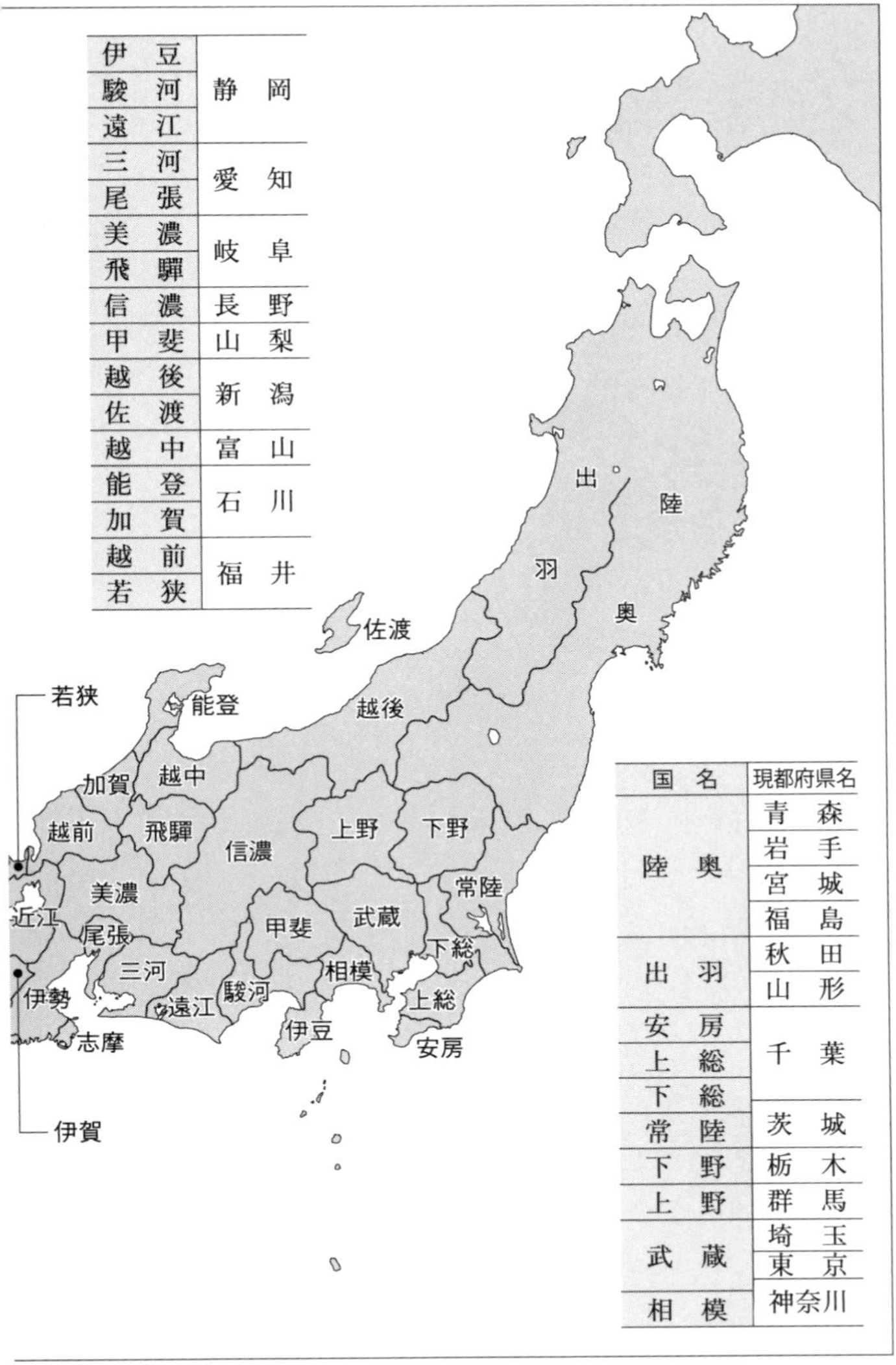

伊豆	静岡
駿河	
遠江	
三河	愛知
尾張	
美濃	岐阜
飛驒	
信濃	長野
甲斐	山梨
越後	新潟
佐渡	
越中	富山
能登	石川
加賀	
越前	福井
若狭	

国名	現都府県名
陸奥	青森
	岩手
	宮城
	福島
出羽	秋田
	山形
安房	千葉
上総	
下総	
常陸	茨城
下野	栃木
上野	群馬
武蔵	埼玉
	東京
相模	神奈川

旧国名地図．国名は『延喜式』による．

筑前	福岡
筑後	福岡
豊前	福岡
豊後	大分
日向	宮崎
大隅	鹿児島
薩摩	鹿児島
肥後	熊本
肥前	佐賀
壱岐	長崎
対馬	長崎

阿波	徳島
土佐	高知
伊予	愛媛
讃岐	香川
備前	岡山
美作	岡山
備中	岡山
備後	広島
安芸	広島
周防	山口
長門	山口
石見	島根
出雲	島根
隠岐	島根
伯耆	鳥取
因幡	鳥取

近江	滋賀
山城	京都
丹後	京都
丹波	兵庫
但馬	兵庫
播磨	兵庫
淡路	兵庫
摂津	大阪
和泉	大阪
河内	大阪
大和	奈良
伊賀	三重
伊勢	三重
志摩	三重
紀伊	和歌山

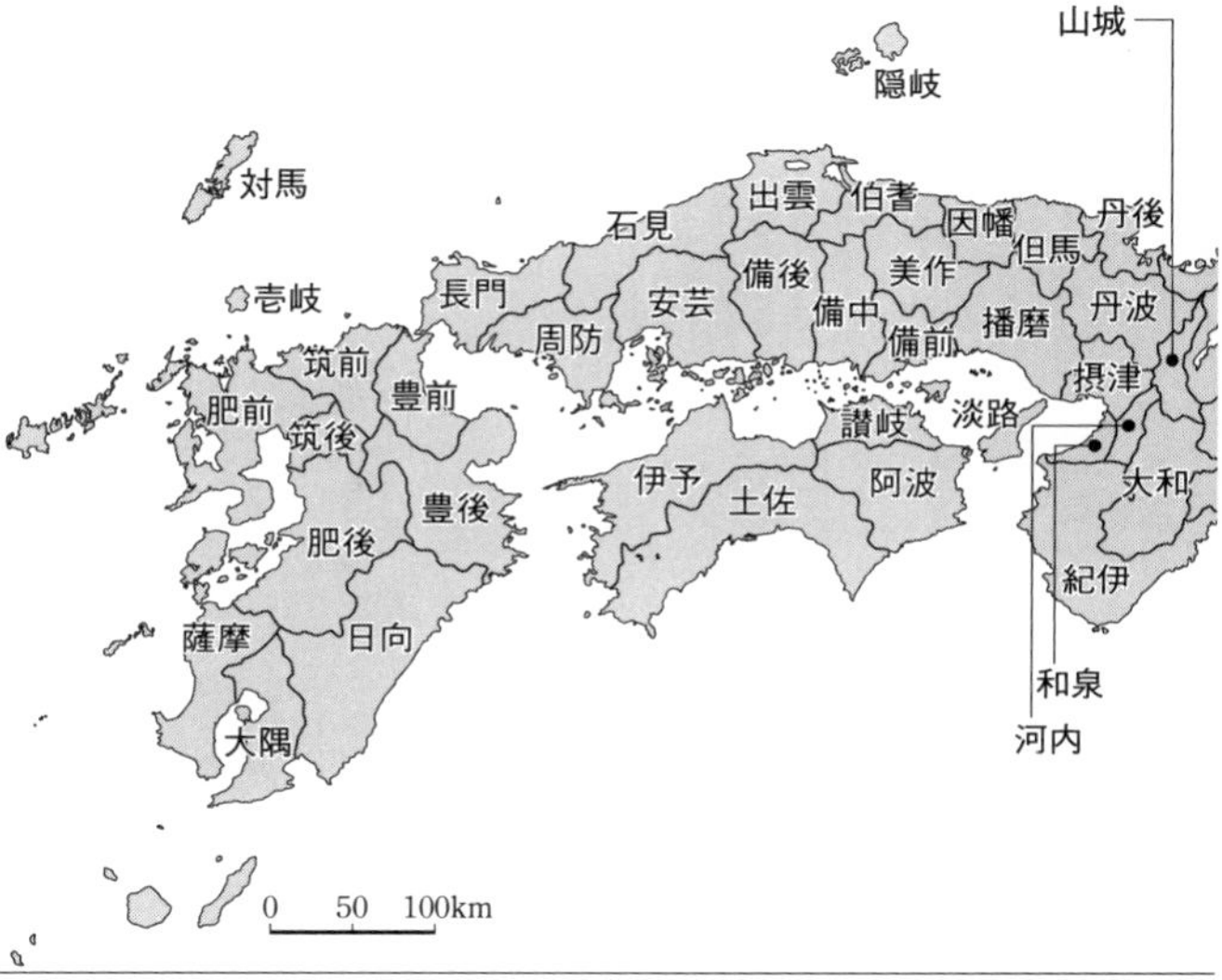

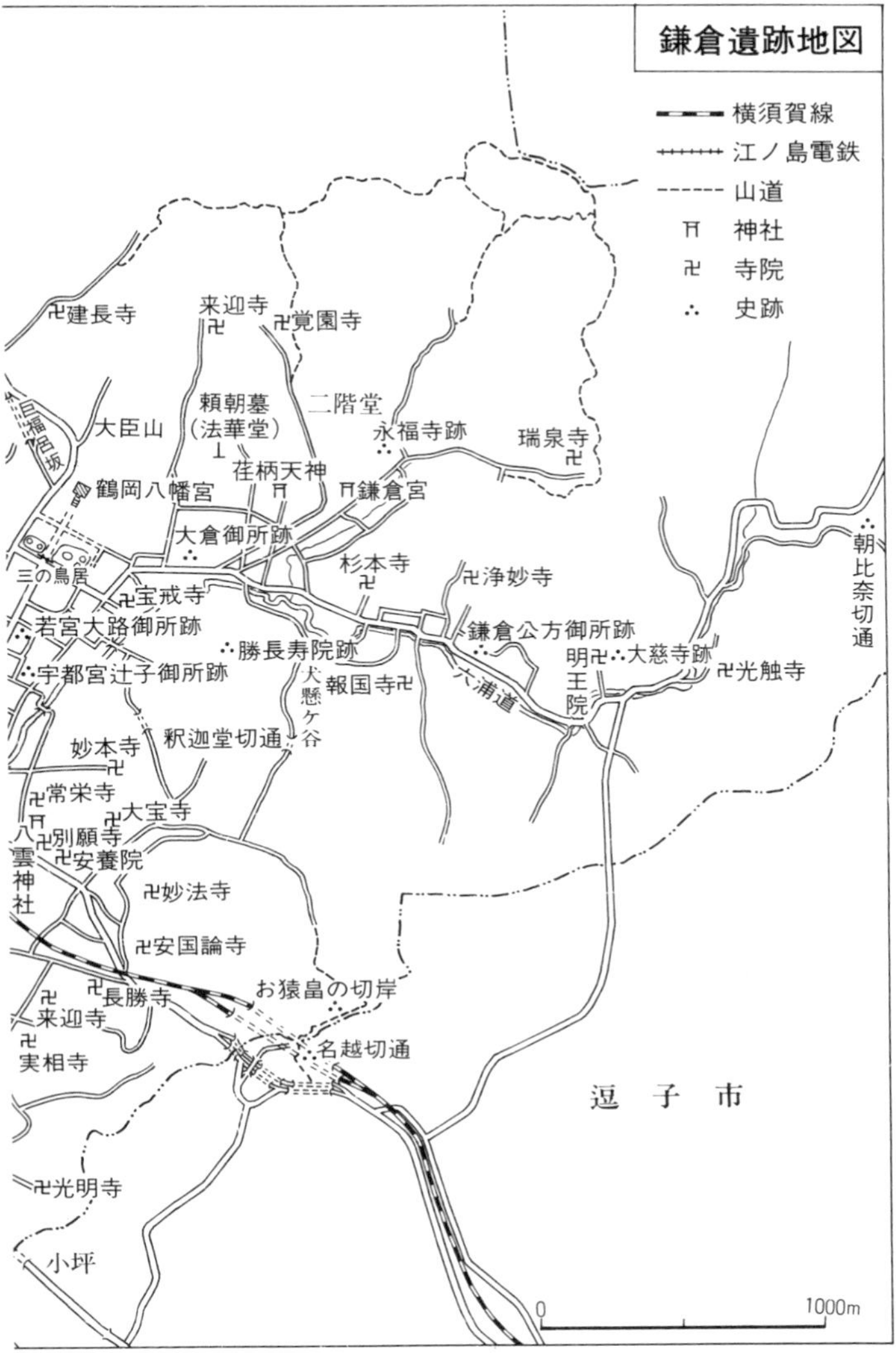
鎌倉遺跡地図
横須賀線
江ノ島電鉄
山道
神社
寺院
史跡
建長寺
来迎寺
覚園寺
頼朝墓
（法華堂）
二階堂
大臣山
永福寺跡
瑞泉寺
巨福呂坂
荏柄天神
鶴岡八幡宮
鎌倉宮
大倉御所跡
杉本寺
浄妙寺
三の鳥居
宝戒寺
若宮大路御所跡
勝長寿院跡
鎌倉公方御所跡
明王院
大慈寺跡
光触寺
朝比奈切通
宇都宮辻子御所跡
犬懸ケ谷
報国寺
六浦道
釈迦堂切通
妙本寺
常栄寺
大宝寺
八雲神社
別願寺
安養院
妙法寺
安国論寺
お猿畠の切岸
長勝寺
来迎寺
名越切通
実相寺
逗子市
光明寺
小坪
0
1000m

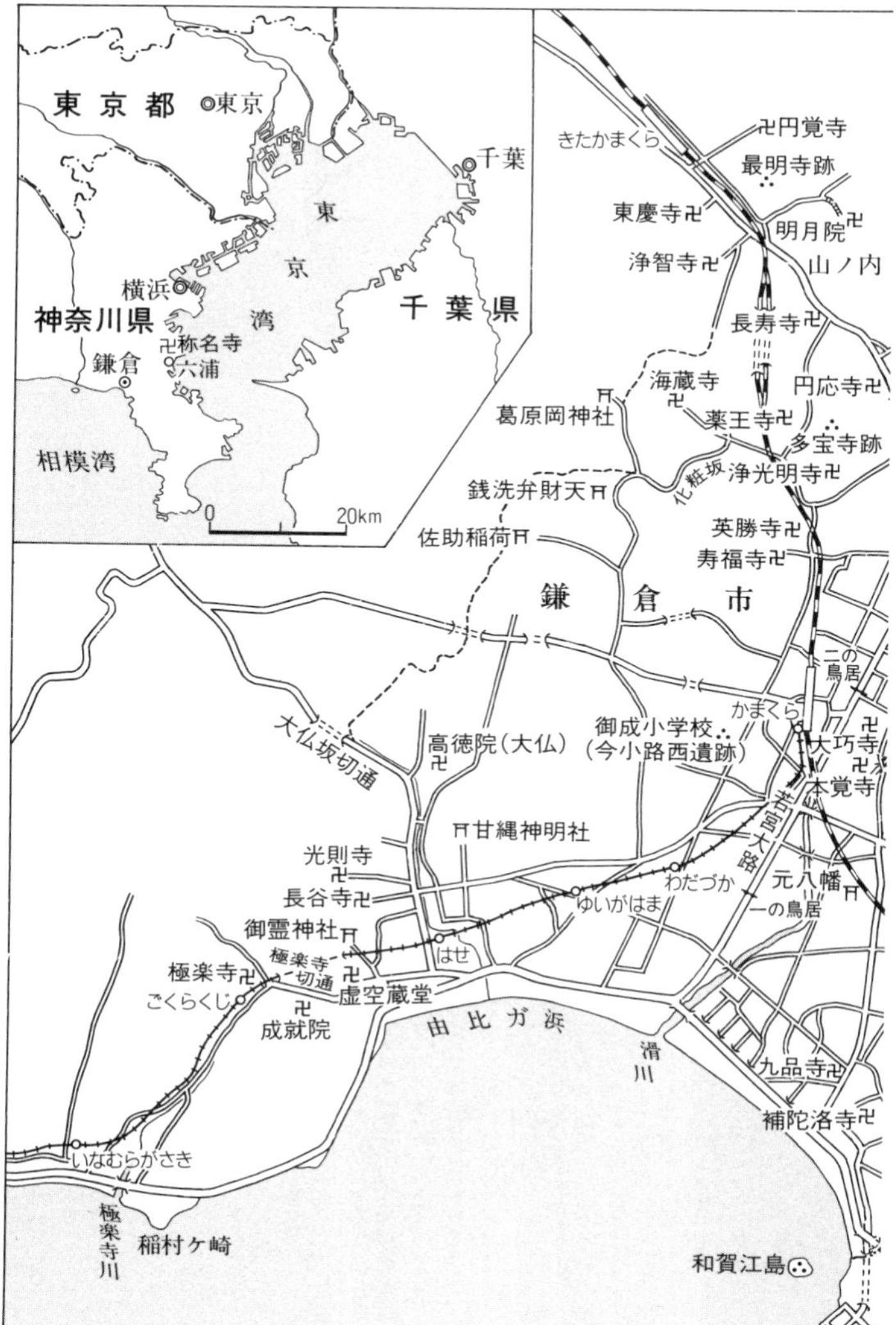
東京都
東京
千葉
東
京
湾
横浜
神奈川県
千葉県
称名寺
六浦
鎌倉
相模湾
0
20km
円覚寺
きたかまくら
最明寺跡
東慶寺
明月院
浄智寺
山ノ内
長寿寺
海蔵寺
円応寺
葛原岡神社
薬王寺
多宝寺跡
化粧坂
浄光明寺
銭洗弁財天
英勝寺
佐助稲荷
寿福寺
鎌倉市
二の鳥居
かまくら
御成小学校
(今小路西遺跡)
大巧寺
本覚寺
高徳院(大仏)
大仏坂切通
若宮大路
甘縄神明社
光則寺
わだづか
元八幡
長谷寺
ゆいがはま
一の鳥居
御霊神社
はせ
極楽寺切通
極楽寺
虚空蔵堂
ごくらくじ
成就院
由比ガ浜
滑川
九品寺
補陀洛寺
いなむらがさき
極楽寺川
稲村ケ崎
和賀江島

固有名詞（人名・地名等）の読みは不確定である場合が少なくないが、読者の便宜を考慮し、著者の推測により読み仮名を振った場合があることをお断りしておく。

日蓮

第一章　立教開宗へ

安房に生まれる

日蓮は、貞応元年（一二二二）に安房国長狭郡東条郷片海《あわのくにながさ とうじょう かたうみ》（現・千葉県鴨川市）に生まれた。その地は太平洋の荒波に洗われる房総半島の南端にあたる。日蓮の誕生地とされる小湊《こみなと》には、後に日蓮宗の誕生寺《たんじょうじ》が建設されている。長狭郡には、平安時代以来、在地領主長狭氏がいたが、平家方に味方したために、源頼朝《みなもとのよりとも》は長狭氏の領地を伊勢神宮外宮《いせじんぐうげくう》に寄付し、この地は東条御厨《みくりや》となった。日蓮は、この伊勢神宮の領地である御厨に生まれたことを誇りに思っていた。

誕生寺の祖師堂。誕生寺提供。

日蓮の誕生日は、一説では、二月一六日とする。釈迦の入滅《にゅうめつ》日が二月一五日であり、翌日に生まれたことにしたのは日蓮を釈迦の生まれ変わりとする考えによるのであろう。戦国時代に制作された『日蓮聖人註画讃《ちゅうがさん》』においても、「如来二月十五日示滅《じめつ》、元祖二月十六日現生《げんしょう》」とあって、日蓮を釈迦の生まれ変わりとする。

しかし、誕生寺祖師堂《そしどう》安置の「日蓮聖人座像胎内納入文書」の一つである貞治《じょうじ》二年（一三六三）八月二九日付日静《にちじょう》願文には、貞応元年御誕生とある。貞応は四月一三日に承久から改元されたので、おそらく、二月一六日ではなく四月一三日以降の生まれなのであろう。また、幼名は薬王丸《やくおうまる》といった。

以上のように日蓮は関東地方の片田舎の地に生を享《う》けたのである。この関東の地出身という意識は日蓮の活動に大きな意味をもった。というのも、関東と関西では言葉をはじめとする文化の相違が大きかったからだ。日蓮が主な布教の場を畿内《きない》ではなく鎌倉にしたのも、安房の出身という意識が大きく作用したと考える。

貴名氏の出身

日蓮は、自己を「賤民《せんみん》が子」「旃陀羅《せんだら》の子」「片海の海人《あま》が子」などと言っている。それらによれば、賤民身分の出身で、旃陀羅（被差別民）の出で、片田舎の海人（漁民）の子ということになり、それを踏まえて、日蓮を漁師の有力者の家の出身とする説が有力である。

しかし、そうした文言は神話的な表現と考えるべきで、そのまま受け取るべきではない。苦悩する民衆、最下層の被差別民に寄り添う姿を表した言葉であろう。

室町時代中期の文明《ぶんめい》一〇年（一四七八）成立で、当時における現地調査と資料収集を踏まえた日朝《にっちょう》による日蓮伝の『元祖化導記《がんそけどうき》』では、その先祖は遠州の人、貫名《ぬきな》五郎重実《しげざね》なり、平家の乱に安房国に流されたり、然《しか》るに重実に二人の子あり、長男はこれを知らず、次男貫名次郎重忠《しげただ》に五人の子これあり、一は藤太、二は幼少にぞ死したまへり、三は仲三郎、四は元祖聖人なり、五は藤平、（後略）

とある（原漢文）。すなわち、遠江国《とおとうみのくに》（静岡県）の貫名重実という武士が安房国に流され、その次男の重忠に五人の子があって、その四男が日蓮であったという。著者の日朝は身延山久遠寺《くおんじ》の第一一世法主《ほっす》となり、身延山の中興に努めたが、極めて実証主義的な態度で日蓮伝を書いている。

こうした『元祖化導記』などに貫名氏の出身と見えることと、日蓮関係紙背文書《しはいもんじょ》（古文書が反故紙《ほごし》にされ、その裏が文書として再利用されて残った場合、その元の文書のこと）に安房国の守護所《しゅごしょ》（守護の居館）に仕える官僚的武士（地方官僚）であった貫名氏の一族の「ぬきなの御《おん》局《つぼね》」が見えることから、日蓮は安房国の貫名氏の出身とする説が出されている（中尾堯「日蓮聖人伝と「ぬきなの御局」」）。

日朝の実証主義的な編集姿勢と、日蓮の教養の幅広さや緻密《ちみつ》な論理性を考えると、守護所に仕える官僚的な武士貫名氏の出身説の方が説得力がある。

清澄寺の大堂（摩尼殿）。清澄寺提供。

清澄寺へ入る

日蓮は、一二歳（数え年。以下同様）となった天福《てんぷく》元年（一二三三）に、近くの清澄寺《せいちょうじ》（「きよすみでら」とも呼ぶ。現・鴨川市）に登った。清澄寺は房総半島の南東端に位置する清澄山上に所在する。

宝亀《ほうき》二年（七七一）に無名の僧が虚空蔵《こくうぞう》菩薩を刻んで小堂を営んだのが始まりとされ、承和《じょうわ》三年（八三六）には円仁《えんにん》（七九四〜八六四）によって中興され、天台宗《てんだいしゅう》寺院となったという。すなわち、山門派《さんもんは》と呼ばれた円仁系の寺であった。

日蓮が一二歳で清澄寺に登った理由ははっきりしない。法然《ほうねん》、道元《どうげん》、叡尊《えいぞん》ら鎌倉仏教の祖師たちが父親あるいは母親を亡くしたのを契機に寺に預けられたように、当時は片親や両親を亡くした子が寺へ預けられることは多かった。それゆえ、日蓮も片親を亡くしたのかもしれない。後の文永一二年（一二七五）二月七日付の日蓮の書状（富木常忍《ときじょうにん》の妻宛）には日蓮は母の病気治癒を祈りましたので、母の病気が治ったばかりか、四年も寿命を延ばすことができました。

とあり、日蓮が僧となって、病気の母の延命祈禱《きとう》をしたと書かれているので、出家以前に父親を亡くしていたのかもしれない。

清澄寺入寺以後、仏教などの勉強をして、当時の成人年齢ともいえる一六歳になって正式な出家をしたのであろう。

出家するまでは、稚児《ちご》として、髪も剃《そ》らず、清澄寺で仏に香華《こうげ》を捧《ささ》げ、経典《きょうてん》などの読み書きの修行をしていたはずである。一六歳になると道善房《どうぜんぼう》を師として出家している。出家して、髪を剃り、僧衣を身につけ、沙弥《しゃみ》という雛僧《すうそう》（小僧）として、僧侶《そうりょ》が守るべき規則である戒律護持を誓い、師に就いて仏教を本格的に学んだ。僧名は是聖房蓮長《ぜしょうぼうれんちょう》と名乗った。ここに、日蓮は、後述する清澄寺所属の官僧《かんそう》（いわば官僚僧）の雛僧となった。

当時の天台宗山門派の僧は、出家後に、比叡山延暦寺《ひえいざんえんりゃくじ》（現・滋賀県大津市）に登り受戒《じゅかい》（戒律を授けられ、その護持を誓う儀礼。授ける側に立てば授戒《じゅかい》という）を経て一人前の官僧となることになっていたので、日蓮も延暦寺に行く必要があった。また、天台宗の教学を学ぶのみならず、台密《たいみつ》とよばれる天台系の密教も学ぶことになっていた。

官僧・遁世僧とは

ここで当時の僧と尼の身分について概観しておくことは、日蓮の宗教活動を理解するうえで極めて重要である。というのも、鎌倉時代に続々と興った鎌倉仏教とそれ以前のいわゆる旧仏教者の活動の相違の背景に、これから述べる僧・尼の立場の相違が決定的な影響（規定）を与えていたからだ。

鎌倉・室町時代の僧・尼集団には基本的に官僧・官尼《かんに》と遁世僧《とんせいそう》・遁世尼という二類型があった。なお、以下においては、表記の便により僧によって尼を代表させて官僧・遁世僧と表現する。それは、決して尼の役割を軽視しているわけではないことを断っておく。

官僧は、いわば官僚僧（公務員的僧）のことで、天皇から出家（得度《とくど》ともいう）を認められて僧となり、延暦寺、東大寺《とうだいじ》（現・奈良県奈良市）、観世音寺《かんぜおんじ》（現・福岡県太宰府市）の三戒壇〔元来は下野薬師寺《しもつけやくしじ》〔現在の栃木県下野市に所在した〕も含め四戒壇とされたが、下野薬師寺戒壇は一一世紀には機能停止していた〕のいずれかで受戒し、一人前の僧となった。この受戒とは、先述のように、戒律護持を誓う儀礼で、戒壇は受戒の場のことで、壇というのは、それが壇状になっているのに由来する。受戒後に、俗人の位階・官職にあたる僧位・僧官を授与され、鎮護国家《ちんごこっか》の祈禱に従事したのである。

日蓮の時代には、得度を認める権利は各寺院に委《ゆだ》ねられていたが、受戒は延暦寺、東大寺、観世音寺の三戒壇のいずれかで行われ、それを受けて初めて一人前の官僧となるという重要な役割を有していた。そのため、年齢とともに、受戒して何年であるか（戒臈《かいろう》という）が官僧集団のランク付けで意味をもつことになった。たとえば、官僧たちは、鎮護国家の法会《ほうえ》に招かれた際には、戒臈と年齢によって座席が決まったのである。しかも、まず戒臈が優先され、年齢が同じであった場合は、戒臈が上の人物が上座に座った。

東大寺戒壇では『四分律《しぶんりつ》』という戒律書に説く二五〇戒の護持を誓ったが、日蓮もその系統であった天台宗山門派の官僧は延暦寺戒壇で『梵網経《ぼんもうきょう》』下巻に説く十重《じゅうじゅう》四十八軽戒《しじゅうはちきょうかい》（一〇の重要な戒と四八の補助的な戒）を受戒することになっていた。

他方の遁世僧は、官僧身分を離脱した私僧《しそう》のことで、法然、親鸞《しんらん》、道元、一遍《いっぺん》らはもちろんのこと、明恵《みょうえ》、叡尊、忍性《にんしょう》（一二一七～一三〇三）ら従来旧仏教改革派とされた僧も遁世僧であったことは重要である。遁世僧は官僧の制約がなかったから、種々の新たな活動ができたと考えられる。それゆえ、私見では、遁世僧教団を鎌倉新仏教の担い手と考えている。日蓮も遁世僧となるが、この点は後述する。

官僧の勤めと制約

官僧は、天皇に仕える祈禱僧として、衣食住の保障や刑法上の特権などが与えられた。そうした特権の一方で、穢《けが》れの忌避などの制約があった点は注目すべきである。

穢れというのは、単に穢れているといった感覚の問題ではなく、社会的、法制的に規定され、官僧もその一つである官人社会において強い強制力をもっていた点が重要である。穢れは一種の感染症であったと言えば、分かりやすいであろう。

穢れには、死穢《しえ》、産穢《さんえ》（出産時、子の父母の身にかかる穢れ）、失火穢《しっかえ》（火事による穢れ）などがあったが、死穢が最も重い扱いを受けた。死穢を例に挙げれば、死体から発するとされる穢れで、死体に触れたり、死体と同座することで、穢れに触れた（触穢《しょくえ》という）とされ、感染したことになる。死穢が消える期間は三〇日間とされ、その期間は謹慎せざるを得なかった。いわば、隔離されたのである。

鎌倉時代前期の寛喜《かんぎ》三年（一二三一）、後堀河《ごほりかわ》天皇の中宮《ちゅうぐう》（正妻）の竴子《しゅんし》が一条室町殿《いちじょうむろまちどの》という邸宅で、皇子（後の四条《しじょう》天皇）を出産した。まさに出産が始まろうとしていた時に、安産祈願のための修法《しゅほう》である普賢延命法《ふげんえんめいほう》の伴僧《ばんそう》の一人であった成真僧都《じょうしんそうず》が、「触穢を憚《はばか》る禁忌の故」に修法が終わる前にもかかわらず逃げ去ってしまった（拙著『葬式仏教の誕生』）。この話から、官僧たちが穢れをいかに恐れていたか、天皇の妻の安産祈願に参加していた僧の場合すらも例外ではなかったことが理解できよう。

それゆえ、官僧は葬式には原則的には従事しなかった。現代の僧侶といえば、「葬式仏教」と揶揄《やゆ》されるように、葬式に従事する者と考えられているが、官僧はそうではなかった点に注意しなければならない。日蓮も清澄寺の官僧として、穢れを忌避しながら、鎮護国家の祈禱などに従事したはずである。

天台密教の修学

弘安元年（一二七八）九月六日付の日蓮の手紙「妙法比丘尼御返事《みょうほうびくにごへんじ》」には

日本国に伝わった仏教のお経、並びに菩薩の論と先師の解釈を習い見たいものだ。また、倶舎宗《くしゃしゅう》、成実宗《じょうじつしゅう》、律宗《りっしゅう》、法相宗《ほっそうしゅう》、三論宗《さんろんしゅう》、華厳宗《けごんしゅう》、真言宗《しんごんしゅう》、法華天台宗《ほっけてんだいしゅう》という宗ども、数多くあると聞くけれども、その上に、禅宗《ぜんしゅう》・浄土宗《じょうどしゅう》と申す宗もある。これらの宗々は枝葉を細かに習わなくとも、所詮《しょせん》、肝要を知る身となりたいと思ったので、随分に走り回り、十二、十六の年から三十二に至るまでの二十余年の間に、鎌倉、平安京、叡山、園城寺《おんじょうじ》、高野山《こうやさん》、天王寺《てんのうじ》などの国々、寺々、習い回ったほどで、（後略）

とある。一二歳で清澄寺へ登り、一六歳で出家した日蓮は、まずは清澄寺で天台宗の修学に励んだ。その後、「立教開宗《りっきょうかいしゅう》」を宣言する三二歳まで鎌倉・京・比叡山・園城寺・高野山・天王寺等に遊学したようである。

次の史料は、日蓮の修学時代を伝えている。嘉禎《かてい》四年（一二三八）一一月一四日に「授決《じゅけつ》円多羅義集唐決《えんたらぎしゅうとうけつ》」（金沢《かねざわ》文庫所蔵）を、清澄寺の師道善房のもとで書写しており、その上巻の奥書《おくがき》（巻末の由緒書）には

嘉禎四年太歳《たいさい》戊戌《ぼじゅつ》
十一月十四日
阿房国東北御庄清澄山、道善房
東面にて執筆、是聖房、生年十七歳
後見の人々、是《これ》を非謗《ひぼう》することなかれ

と記されている。

日蓮出家の翌年、一七歳の時のことで、年齢のみの記載で先述の戒臈などは書かれていないことから、延暦寺戒壇での受戒以前であろう。「円多羅義集唐決」は円珍《えんちん》に仮託された天

台本覚《ほんがく》思想（あらゆる存在を肯定する天台宗の思想）の初期の作品である。円珍（八一四～八九一）は、天台宗寺門《じもん》派《は》の祖で、天台宗を密教化したことで知られる。円珍の『授決集』の論目次第を踏襲している。ひとつひとつの論目の下で述べられる内容は『授決集』と異なり、中古天台の中の密教的解説に終始する。

日蓮は、聖教《しょうぎょう》（仏教経典）を書写するなど清澄寺で師の指導を受けて台密も学んでいたのである。その後、鎌倉で勉学をした可能性はあるが、一二四〇年代には、日蓮は比叡山延暦寺へ向かった。

延暦寺での受戒

延暦寺での受戒は、従来、中世において形骸化《けいがいか》したと考えられ、十分な光が当てられてこなかった。しかし、実際は、一四世紀半ばにおいても機能していた。とくに後述する日蓮のいわゆる「本門戒壇論」の背景を理解するうえで重要であり、ここで少し詳しく述べておこう。

延暦寺戒壇といえば、最澄《さいちょう》の主張によって、弘仁《こうにん》一三年（八二二）に設置が認められた戒壇で、翌一四年四月に授戒が開始され、『梵網経』下巻で説く十重四十八軽戒を授ける戒壇として知られる。この戒壇の特徴は、中国などで在家者、出家者に通じて用いられる菩薩戒とされる『梵網経』下巻で説く戒だけを授けられて、比丘《びく》（一人前の僧）となれるとする点にある。

最澄以前においては、中国はもちろん日本においても、そうした菩薩戒だけを受戒して比丘となることは認められていなかったし、それ以後においてもそうであった。鑑真《がんじん》を唐《とう》から招聘《しょうへい》して始められた東大寺戒壇と観世音寺戒壇では、菩薩戒ではない『四分律』に説く戒が授けられたのである。それらの戒壇授戒は、中国でも公認されていた点は重要である。そのため、延暦寺戒壇で受戒した僧は、宋《そう》に渡るに際しては公認されていた東大寺戒壇で受戒したことにして東大寺戒牒《かいちょう》（受戒証明書。当然だが偽戒牒）を携行したのである。たとえば、道元の師明全《みょうぜん》は、延暦寺戒壇で受戒したにもかかわらず、東大寺戒牒をもって入宋《にっそう》している（授戒制については拙著『新版　鎌倉新仏教の成立』参照）。

このように延暦寺戒壇での授戒は、菩薩戒だけを授けるという特徴をもっていたが、もう一つの特徴として、授戒が、当時の官僧集団の統轄者であった僧綱《そうごう》の管轄下から太政官《だじょうかん》の直轄へと変化していた点がある。実際、弘仁一四年（八二三）四月一四日付で光定《こうじょう》に付与された戒牒には、僧綱の署名はなく、太政官印が捺《お》され、授戒に太政官の使者として俗別当《ぞくべっとう》（俗人で、寺務の管理者）二名が参列している。

しかし、こうした太政官による直轄体制は九世紀まで継続するが、一〇世紀には太政官印の押印はなくなり延暦寺印が押され、太政官の使者の代わりに延暦寺座主《ざす》（寺務の統括のトップ）と同寺三綱《さんごう》（寺内の管理に当たる役職者）が署名するように変化する。つまり、延暦寺戒壇での授戒は、太政官の直轄から延暦寺の管理に委ねられたのである。とはいえ、そこでの授戒制は継続していたのである。

若き日の修学

従来は、国家的な授戒制が中世には機能を停止していたのでは、と考えられたために、日蓮がなぜ畿内遊学をしたのか明確ではなかった。だが、一四世紀半ばまでは確実に機能していたのである。実際、永仁《えいにん》七年（一二九九）の戒牒が二点残存している。それゆえ、日蓮も、比叡山延暦寺に登り、受戒する必要があった。

先述の「妙法比丘尼御返事」によれば、日蓮は延暦寺での受戒が終わったあと、畿内に滞在した可能性はある。ただ、その費用を誰が出したのかが問題となるが、在庁官人《ざいちょうかんじん》（地方官人）であった貫名氏の一族の出身とすれば、実家がそれを支えた可能性はある。または、東条郷の領家《りょうけ》（荘園の中級管理者）の尼が出したのかもしれない。後述のように、日蓮は、彼女のことを「大恩」の人と記しているからだ。

ところで、延暦寺での受戒を経て、一人前の僧となった日蓮は、延暦寺系の人脈を使って修学の機会を得たはずである。畿内はもちろんであるが、後に日蓮の布教における主戦場となる鎌倉においてもそうであった。というのも、天台宗山門派は、四代将軍九条頼経《くじょうよりつね》（摂関家出身）が京都から下向して以来、勝長寿院《しょうちょうじゅいん》を中心に拠点を得ていたからだ。それゆえ、日蓮も山門派の人脈を使って鎌倉において活動を行っていた可能性は高い。

その頃の修学の成果が仁治《にんじ》三年（一二四二）の「戒体即身成仏義《かいたいそくしんじょうぶつぎ》」である。「戒体即身成仏義」は、小乗《しょうじょう》・権大乗《ごんだいじょう》・法華開会《ほっけかいえ》・真言宗《しんごんしゅう》の四種類の戒について論じている。法華経の戒体こそは真の即身成仏の道であるとし、念仏に対する法華の優位を説き、その法華も実は真言の初門《しょもん》（最初の段階）とする。当時の日蓮が台密と呼ばれた天台密教の影響下にあったことを端的に示している。「戒体即身成仏義」については偽撰説もあるが、ここでは真撰とする佐藤弘夫の説に従いたい（佐藤『日蓮』）。

次に、建長《けんちょう》三年（一二五一）に覚鑁《かくばん》（一〇九五～一一四四）の「五輪九字明秘密釈《ごりんくじみょうひみつしゃく》」を書写している。覚鑁は新義真言宗《しんぎしんごんしゅう》の祖とされる。「五輪九字明秘密釈」は、真言密教の立場から浄土教との融合を企てた書である。日蓮が、真言宗の修学に励んでいたことがわかる。とくに、写本の奥書から「五輪九字明秘密釈」を書写した場は、京都の「五帖《ごじょう》之坊門富小路《のぼうもんとみこうじ》」、坊門よりは南、富小路よりは西」であったという。その頃には京都市中に滞在していたと考えられる。

立教開宗

日蓮は、建長五年（一二五三）には、京畿《けいき》での留学を終えて清澄寺に戻ってきていた。年齢は三二歳となっていた。日蓮の帰寺を喜んだ師の道善房は、留学の成果を発表させたようである。

しかし、それは後に「開宗」「立宗宣言」と言われるような内容であった。そのことを日蓮は次のように述べている（「聖人御難事」）。

去る建長五年四月二八日に、安房国長狭郡のうち、東条の郷〈今は郡である〉の天照太《あまてらすおお》神《みかみ》の御厨、右大将家《うだいしょうけ》（源頼朝――筆者注。以下同様）の立て始めなさった日本第二の御厨〈今は日本第一である〉の、この郡のうち清澄寺と申す寺の諸仏坊の持仏堂の南面で、午《うま》の時にこの法門を申しはじめた。

また、これを機に名も蓮長から日蓮に改めたという。

現在の宗門側では、日蓮がこの時に初めて題目（「南無妙法蓮華経」）を唱え、「念仏無間《ねんぶつむげん》、禅天魔《ぜんてんま》、真言亡国《しんごんぼうこく》、律国賊《りっこくぞく》」という「四箇格言《しかかくげん》」を発し、諸宗批判を開始したとしている。

「四箇格言」とは念仏（「南無阿弥陀仏《なむあみだぶつ》」と口で称《とな》えること）を信じれば無間地獄に落ちる、禅は仏法を破滅させる天魔の行いで、真言は国を滅ぼす、律は国に害をなす者だとするものである。無間地獄というのは、仏教の八大地獄の一つで、父母を殺すといった五逆罪《ごぎゃくざい》を犯した者が熱火の苦しみを受けるという地獄である。いわば「四箇格言」は他宗批判の極端ともいえるキャッチフレーズである。

しかし、その頃の日蓮の念頭にあった主敵はそれら四つすべてではなく、念仏のみであったと考えられる。というのも、禅宗と律宗は建長五年（一二五三）当時はようやく勢力をもち始めたばかりの時期であったからだ。

禅宗は拠点寺院となる鎌倉建長寺《けんちょうじ》が建長五年に完成したばかりであった。律宗も、後に日蓮が強烈に批判するようになる忍性が前年の建長四年に関東へ下向し、建長五年頃は常陸《ひたち》三村寺《みむらじ》（現在の茨城県つくば市に所在した）で活動を始めた時期であった。また真言宗に関しては、当時の日蓮は親和的であったからだ。

他方、浄土教に関しては、建永《けんえい》の法難（建永二年〔一二〇七〕、後鳥羽《ごとば》上皇により法然の門弟四人が死罪、法然および親鸞ら門弟七人が流罪とされた）と、嘉禄《かろく》の法難（嘉禄三年〔一二二七〕、法然没後、延暦寺の訴えにより、法然門弟が配流され、専修念仏停止が宣下された）によって、念仏を唯一の正行《しょうぎょう》とし、それのみを修《しゅ》することを求める専修念仏《せんじゅねんぶつ》系は大いなる打撃を受けた。とはいえ、法然門弟は多く、それ以後は、戒律などの他の行の兼修を認める系統の法然門下が大いに栄えていた。

それゆえ、当時の日蓮は「四箇格言」のような、念仏、禅、真言、律の四つを批判していたのではなく、念仏のみを批判していたはずである。

もっとも、清澄寺が所属していた天台宗は、仏教修行の一つとしての念仏を公認していたので、清澄寺の所在する東条郷の地頭《じとう》（年貢徴収や治安維持を担当した在地の領主）である東条景信《かげのぶ》ら念仏信者も清澄寺の支援者であった。それゆえ、日蓮が「立教開宗」宣言を行い念仏批判を展開したことにより、東条景信らの怒りを買うことになった。

さらに、名前を蓮長から日蓮に変えた点も注目される。名は体を表すというように、名を変えることとは、非常に画期的なことである。戒律復興活動で知られる奈良西大寺《さいだいじ》叡尊の盟友覚盛《かくじょう》は、遁世（この場合は興福寺《こうふくじ》所属の官僧を離脱する）の際に房名《ぼうめい》（僧侶の通称）を変えている。日蓮が蓮長から日蓮へと名を変えたのも、先述した官僧を辞め、遁世したことを意味すると考えられる。

日蓮の日とは、『法華経』「如来神力品《にょらいじんりきほん》」にある「日月《にちがつ》の光明のように、もろもろの幽冥《ゆうみょう》を除くことができる」の文に拠《よ》り、蓮は『法華経』「従地涌出品《じゅうじゆじゅっぽん》」の「世間（俗世間）の法に染まらざること、蓮華が泥水にあるがごとし」の文に拠っている。日蓮は天台宗の行者《ぎょうじゃ》として日の光のように、人々の迷妄を除き、蓮《はす》の花のように濁世に染まらぬように生きようとし、日蓮と改名したのであろう。

弟子の形成

日蓮はこの「立教開宗」直後に清澄寺を離れ、鎌倉に向かったように考えられてきたが、そうではなく、しばらくは清澄寺に留《とど》まったと考えられる。

というのも、先述した日蓮が建長三年（一二五一）に書写した「五輪九字明秘密釈」を、「清澄寺住人肥前公日吽《ひぜんのきみにちうん》」が建長六年九月三日に書写しているからだ。日蓮は書写した「五輪九字明秘密釈」を手元においていたはずで、日吽はそれを書写したと考えられ、日蓮は建長六年頃も清澄寺にいたと考えられている（寺尾英智「日蓮書写の覚鑁『五輪九字明秘密釈』について――日蓮伝の検討」）。

また、建長六年正月に日蓮は聖なる体験をする。すなわち、正月一日に生身の愛染明王《あいぜんみょうおう》を、（おそらく正月）一五日から一七日にかけては生身の不動明王《ふどうみょうおう》を拝見したのである。その聖なる体験を書き記し、六月二五日付で新仏《しんぶつ》という弟子に書き与えている。

このように、その頃の日蓮は、愛染明王、不動明王を重視していたのである。そして、日蓮は、愛染明王・不動明王出現という体験に衝撃を受け、後に著すようになる「大曼荼羅本《だいまんだらほん》尊《ぞん》」には、愛染明王と不動明王を紙幅の左右に梵字《ぼんじ》（古代インド語のサンスクリットを書き記す文字）で書き入れている。なお、新仏とは日吽と同一人物と考えられ、日蓮の最初期の弟子と推測されている。このように、「立宗宣言」以後には弟子となる人物も出てきた。

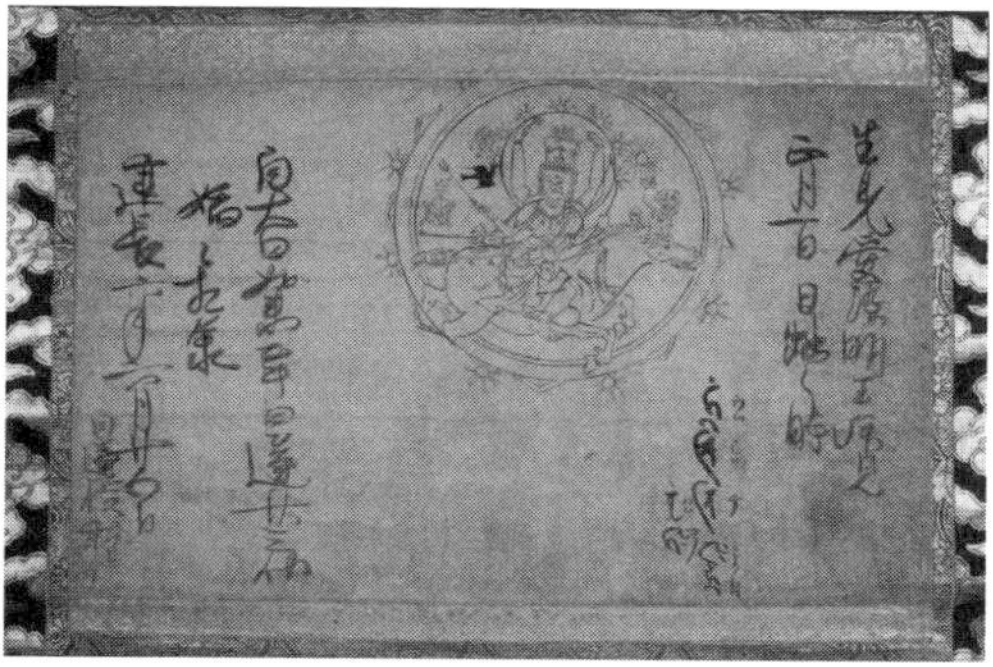

日蓮が自ら描き、弟子に与えた「愛染感見記」。「不動感見記」と対をなす。中央に愛染明王が描かれ、右に「生身愛染明王拝見正月一日日蝕之時」、左に「自大日如来至日蓮廿三代嫡々相承建長六年廿五日日蓮授新仏」と記されている。妙本寺所蔵。写真提供：千葉県教育委員会。

もっとも、日蓮は清澄寺にずっといたわけではなく、房総各地を歩きまわり、弟子の獲得に奔走していたらしい。その弟子の一人に富木《とき》常忍《じょうにん》がいる。常忍は下総国《しもうさのくに》の守護千葉介頼胤《ちばのすけよりたね》の被官《ひかん》（家臣のこと）であった。彼は八幡荘《やわたのしょう》（現在の千葉県市川市北部に所在した荘園《しょうえん》）にある守護所の近くに住んで、そこに勤務し、主に裁判関係の実務を担当した。

日蓮が富木常忍に宛てた、（建長五年）一二月九日付とされる以下の手紙（「富木殿御返事」）は、この時期の常忍との関係を窺わせる。

喜んで、富木殿よりの使いを給《たま》わりました。

昼は見苦しいので、夜に参るつもりです。夕方の酉《とり》の刻（午後六時頃）に参る予定です。
また、あなたがこちらへ来られて法門談義をしたいですね。

十二月九日　　日蓮

とき殿

この手紙からは、日蓮が富木常忍と行き来できるところにいたことがわかる。とりわけ、「昼は見苦しい」というように、日蓮が守護所の官僚であった常忍と昼間会うのが憚られる状況にあった点が注目される。

ところで、常忍は下総国八幡荘にある守護所の近くに住んでいたことは前述した。それゆえ、日蓮も建長五年（一二五三）一二月頃には、その守護所の近くにいたのであろう。日蓮の弟子には常忍以外にも大田《おおた》乗明《じょうみょう》、曽谷《そや》教信《きょうしん》という千葉氏の被官がいる。日蓮初期の弟子は、下総国八幡荘にある守護所の近くにいたのであり、富木常忍がその中核的存在であったのだろう。

東条景信との訴訟

この時期に、日蓮がなぜ守護所の近くにいたかを考えるうえで、東条景信との訴訟事件が背景にあると考えられる。

東条左衛門尉《さえもんのじょう》景信は悪人で、清澄の飼鹿《かいしし》などを狩りとり、清澄寺内の房々の法師らを念仏者の手下にしたので、日蓮は敵として領家の味方となり、清澄・二間《ふたま》の二箇寺が、東条方につくならば、日蓮は『法華経』を捨てようと起請文を書いたうえで、日蓮が御本尊の手に結びつけて祈ったら、一年以内に両寺は東条と手を切った。

この史料は、日蓮が文永一二年（一二七五）一月一一日付で「清澄寺大衆中《だいしゅちゅう》」宛に送った書状の一部で、日蓮がいかに清澄寺に貢献したかを述べる中での一文である。それから、地頭の東条景信が領家方と争い、日蓮は領家方に立っていたことがわかる。

また、「清澄寺内の房々の法師らを念仏者の手下にした」とあるように、景信は念仏者として、清澄寺（二間寺も）に大きな影響力をもっていた。

東条景信は、源頼朝が治承《じしょう》四年（一一八〇）の挙兵後に安房へ逃れた際に、頼朝に味方した東条秋則《あきのり》の孫という。当時、清澄寺のある東条御厨が伊勢神宮領であったことは先述した。伊勢神宮は領家に支配を委ね、現地で年貢徴収や治安維持を担当する地頭を押さえようとしていた。だが、地頭東条景信は武力に物を言わせて、飼鹿（御厨で飼育されていた鹿《しか》）などを狩りとったという。そのために、領家方と争いになり、守護所で裁判を行った。領家は、領家の尼と呼ばれる女性で、日蓮の父母が世話になったという。また、東条景信は、日蓮が批判していた念仏信者であったばかりか、清澄寺内の房々の法師らを念仏者の手下にした。

そこで、日蓮は領家方に味方し、訴訟勝利を祈禱しただけではなく、富木常忍の協力を得て、領家方勝利のために働いた。その結果、領家方勝利の判決が出て、東条景信は清澄寺に出入り禁止となったという。この訴訟こそ、安房の清澄寺所属の日蓮が下総国の守護所の近くに滞在する理由であったと考えられる。

以上のように、日蓮は、訴訟には勝利できたが、東条景信から目のかたきとされるようになった。それゆえ、師の道善房らは、清澄寺から離れることを勧めたのであろう。

日蓮は、清澄寺から鎌倉へ向かった。ここに日蓮は、清澄寺を離脱し、遁世僧の活動を本格化させた。以後、日蓮は「天台沙門《しゃもん》」と自称するようになった。もっとも、延暦寺をも批判し始める佐渡配流後は「本朝沙門」と名乗っている。沙門とは、サンスクリットで努力を意味するśramから来ているとされる言葉で、比丘（一人前の僧）を意味するが、当時は、遁世僧となった叡尊らが沙門と自称したように、遁世僧（私僧）を表している。

第二章　立正安国への思いと挫折

鎌倉での日蓮

日蓮がいつ鎌倉へ向かったのかははっきりしないが、建長八年（一二五六）の八月には鎌倉にいたと考えられている。

正元《しょうげん》二年（一二六〇）二月頃に書かれた「災難対治抄《さいなんたいじしょう》」には

今、この国土の状態を振り返ってみますと、種々の災難が起こっています。周知のように、建長八年の八月から正元二年の二月まで、大地震や時ならぬ大風、大飢饉《だいききん》や疫病の大流行など、種々の災難が次々と起こって、今も絶えることがありません。そのために、あたかもすべての人々が死に絶えてしまうような状態です。

とある。わざわざ「建長八年八月」という年月がことさらに書かれている理由を日蓮の鎌倉移住の時期が、その頃だったからだとする説が出ている（寺尾英智「日蓮書写の覚鑁『五輪九字明秘密釈』について——日蓮伝の検討」）。確実ではないが、大いに示唆に富んでいるので、従っておこう。

日蓮は、鎌倉では名越《なごえ》に草庵《そうあん》を構えた。この庵室は現在は「松葉ヶ谷《まつばがやつ》の草庵」と呼ばれるが、日蓮自身の著作には「松葉ヶ谷」の名は出てこない。現在、名越に所在する長勝寺《ちょうしょうじ》、妙法寺《みょうほうじ》、安国論寺《あんこくろんじ》がおのおの松葉ヶ谷草庵跡を自称している。

名越は、都市鎌倉の東南の入り口にあたり、名越の切通しを越えて三浦《みうら》半島に至る戦略上の要地である（拙著『中世都市鎌倉を歩く』）。それゆえ、鎌倉幕府は北条《ほうじょう》氏の有力な一族を配置し、屋敷を構えさせ防衛させた。北条義時《よしとき》の次男朝時《ともとき》に始まる名越氏である。

鎌倉に来た日蓮がなぜ名越に草庵を結んだのかははっきりしないが、名越氏の許可なしでは居住できなかったはずで、同氏が招いたからだとも言われる。日蓮の主要な信徒の一人四《し》条頼基《じょうよりもと》は名越氏の被官であった。また、日蓮の有力な信者に名越の尼がいた。

しかし、その頃の日蓮はほとんど無名の存在に過ぎず、名越氏に招請されたとは考えがたい。名越に居を構え、布教活動によって、四条頼基や名越の尼らを信者化できたと考えた方がよいであろう。名越の尼は後に、日蓮を離れ、叡尊《えいぞん》教団の有力な信者となっているように、古参の信者ではなかったと思われる。それゆえ、別の理由を考える必要がある。

先述のように、日蓮は清澄寺所属の官僧を離脱（＝遁世）したとはいえ、天台宗山門派の人脈があった。とりわけ、名越にも近い、鎌倉勝長寿院は天台宗山門派の拠点寺院であった。おそらく、名越氏に対して日蓮が名越に住む許可を得る口利きをする僧もいたと考えられる。それにより日蓮は名越に住むことができたのではないか。この名越を拠点として、日蓮の鎌

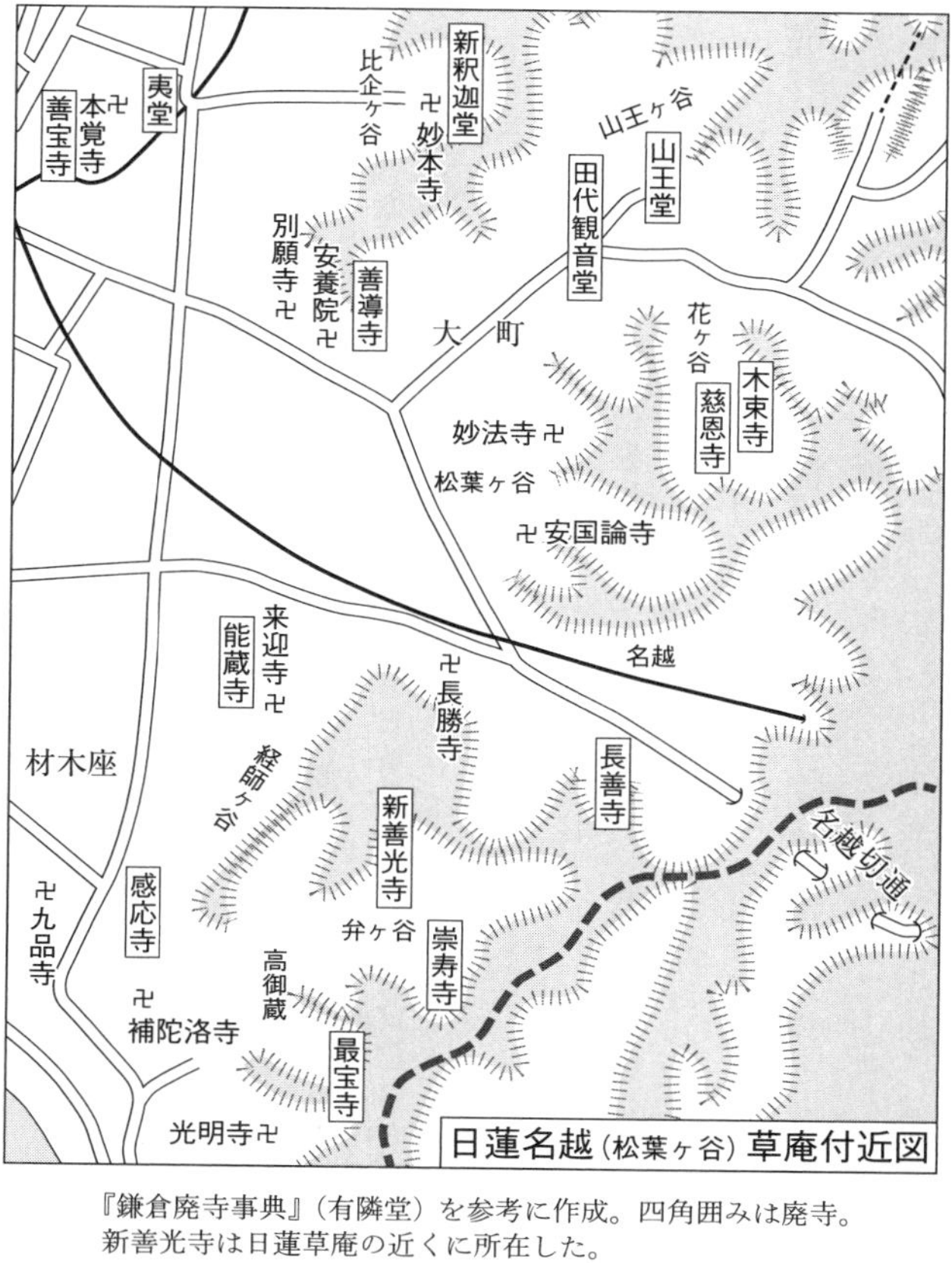

『鎌倉廃寺事典』（有隣堂）を参考に作成。四角囲みは廃寺。
新善光寺は日蓮草庵の近くに所在した。

倉での布教活動が始まった。

この名越を拠点としたことで、名越氏の一族である名越の尼の知遇を得ることにもなった。この名越の尼は後には支援者となる。北条時頼《ときより》（一二二七～六三）に『立正安国論《りっしょうあんこくろん》』を奉呈できたのも、名越の尼の働きかけがあったのかもしれない。

正元元年（一二五九）頃の日蓮の書状に、「武蔵殿御房《むさしどのごぼう》」というのがあるが、その中で、経典の貸借の願いや法華八講という法会の日時の問い合わせを行っている。おそらく日蓮は、天台宗山門派の人脈を活用して著作の執筆や布教をしていたのであろう。そうした成果が『守護国家論《しゅごこっかろん》』や『立正安国論』ともいえる。

ところで、鎌倉において日蓮は辻説法《つじせっぽう》をしていたと考えられてきたが、鎌倉幕府の厳しい統制下にある都市鎌倉では困難であったとする説もある（中尾堯『日蓮』）。たしかに、聖なる道であった若宮大路《わかみやおおじ》では禁止されていた。しかし、私見では辻説法をしていたと考えている。というのも、中世都市鎌倉は商業都市としても大いに発展していて、辻説法が禁止されていない場所は多かったからである。ことに大町《おおまち》、小町《こまち》、米町《こめまち》（穀町《こくまち》）、亀《かめ》ヶ《が》谷辻《やつつじ》（武蔵大路下）、和賀江《わかえ》、大倉辻《おおくらつじ》、化粧坂《けわいざか》山上、魚町《いおまち》、筋替橋《すじかえばし》は商業地域として公認されていた（拙著『中世都市鎌倉の風景』）。鎌倉人が集まる、そうした場所で日蓮が辻説法を行っていた可能性は高い。私僧である遁世僧は、信者の布施で生活せざるを得ず、日蓮も辻説法などして信者獲得を目指していたはずである。

『守護国家論』

正元元年（一二五九）、三八歳となった日蓮は『守護国家論』を著した。日蓮は、『守護国家論』冒頭において、たまたま悪道を逃れて人間界に生を受けた者も、現状では必ず来世にはふたたび悪道に落ちるとする。それはなぜか。その根本の原因は、人々が仏教の正邪、師の善悪を見分けられないからだ。仏道に入る者は多いが、誤った教えや悪《あ》しき師匠につくために、真の悟りに至るものはごくわずかだ、という。日蓮にとって誤った教え、悪法とは、法然の専修念仏に他ならなかった。とりわけ法然の主著である『選択本願念仏集《せんちゃくほんがんねんぶつしゅう》』（『選択集』と略す）こそ、謗法《ほうぼう》（仏法を謗《そし》ること）の根源と主張する。このように、『守護国家論』は法然の念仏説批判の書である。日蓮は『守護国家論』では七章に分けて法然の念仏説批判を展開する。その概要を見よう。

第一章の題は「如来の教えに権教《ごんきょう》（仮の教え）と実教《じっきょう》（真実の教え）の区別を定めることを明かす」である。ここでは、まず天台智顗《ちぎ》の教相判釈《きょうそうはんじゃく》（諸教典のランク付け）によって、諸経の説かれた順を説明する。ついで『法華経』の「開経」とされる『無量義経《むりょうぎきょう》』の「（仏陀《ぶっだ》は）四十余年、真実を顕《あ》かさず」の文に依拠して、了義（仏の真意を余すことなく説き明かした）の『法華経』に比べれば、それ以前の四十数年間に説かれた経は小乗（修行者のみの悟りをめざす）の教えに過ぎないとする。それゆえ、仏の真意が説き明かされていない教えや権教に依拠する念仏などの教えを捨てて、『法華経』に帰依すべきとする。

とりわけ第一章の以下の文に、法然の主著である『選択集』の批判点が簡潔に指摘されている。

少し昔、邪智《じゃち》の上人《しょうにん》（法然のこと）があり、末代の愚人のために一切の宗義を破る『選択集』一巻を造った。名を鸞《らん》（曇鸞《どんらん》）・綽《しゃく》（道綽《どうしゃく》）・導《どう》（善導《ぜんどう》）の三師に仮《か》りて（依拠して）、一代の聖経を二門に分け、実経を権経に入れ、法華・真言の直道を閉じて浄土三部の隘路《あいろ》を開いた。また、浄土三部の義にも順ぜずして権実《ごんじつ》の謗法を成した。永く四《し》聖《しょう》の種を断じて阿鼻《あび》の底に沈むべき僻《びゃっ》見《けん》である。

日蓮は、法然が『選択集』において、曇鸞・道綽・善導の三師の説に依拠して、すべての仏教を聖道門《しょうどうもん》（自分の修行で現世で悟りを求める）と浄土門《じょうどもん》（阿弥陀仏の力で浄土に往生する）の二つに分け、浄土三部経以外を聖道門として否定している点を批判する。浄土三部経は『無量寿経《むりょうじゅきょう》』『観無量寿経《かんむりょうじゅきょう》』『阿弥陀経《あみだきょう》』の総称である。

また、「法華・真言の直道」というように、当時の日蓮はいまだ「真言」も重視していたにせよ、『法華経』最重視の立場から、浄土三部経を最勝（最も勝《すぐ》れている）とする『選択集』を批判している。

第二章の題は、「正像末について仏法の興廃あるを明かす」である。この正・像・末というのは、仏教における時代区分である。釈迦が亡くなって以後、千年を正法の時代、それから千年を像法《ぞうぼう》の時代といい、それ以後は末法の時代に入る。なお、五百年ずつ区切る時代区分もあるが、それは後述する。

日蓮が活躍した鎌倉時代には、釈迦入滅を紀元前九四九年とし、永承《えいしょう》七年（一〇五二）に末法に入ったとする説が有力であった。正法は、釈迦の説いた正しい教えが伝わり、正しい修行と悟りを得る人がいる時代で、像法は、教えもあり修行もなされるが、悟りを得る人はいない時代である。末法は教えのみがあるとされる時代である。

第二章では、法然は阿弥陀仏が選び取った本願の念仏のみが末法における唯一の極楽往生の行とするのに対し、日蓮は『法華経』こそが末法における真の教えとする。

第三章の題は、「『選択集』が正しい教えを誹謗《ひぼう》する由来を明かす」である。第三章では、法然が「法華真言等」を雑行・難行・時期不相応とすることを批判する。

第四章の題は、「正しい教えを誹謗する者を廃滅すべき証拠の経文を明かす」である。第四章は、為政者が邪義である念仏を諌《いさ》める責任を負っているとし、正嘉《しょうか》（一二五七〜五九）以来の天変地異は悪法流布に由来するとする。

第五章の題は、「優れた指導者ならびに真実の教えに逢うことが難しいことを明かす」、第六章の題は「『法華経』『涅槃経《ねはんきょう》』に基づいて実践する行者の心の用い方を明かす」、第七章の題は「問いに随《したが》って答えを明かす」である。第五、六、七章はいずれも『法華経』中心の立場から、それを批判する念仏批判を展開する。

以上の概要からもわかるように、日蓮は『守護国家論』において、教学的に法然の念仏説批判を行っている。これまで『守護国家論』は、天台教学に基づいて法然批判を展開したとされ、その独自性については評価が低く、さほど注目されなかった。しかし、近年においては、その独自性にも注目がなされている。たとえば、第五章において、『法華経』「普賢菩薩《ふげんぼさつ》勧発品《かんぼつほん》」の「この『法華経』を受持《じゅじ》・読誦《どくじゅ》等する人がいれば、この人は釈迦仏を見るのである」等に依拠して、『法華経』が釈迦仏そのものであるから、釈迦仏は亡くなっていない。今も仏の在世であると主張している点などが注目されている（末木文美士『日蓮入門』）。

『立正安国論』の提出

翌文応《ぶんおう》元年（一二六〇）に日蓮は、『立正安国論』を時の鎌倉幕府最高権力者（先の執権）

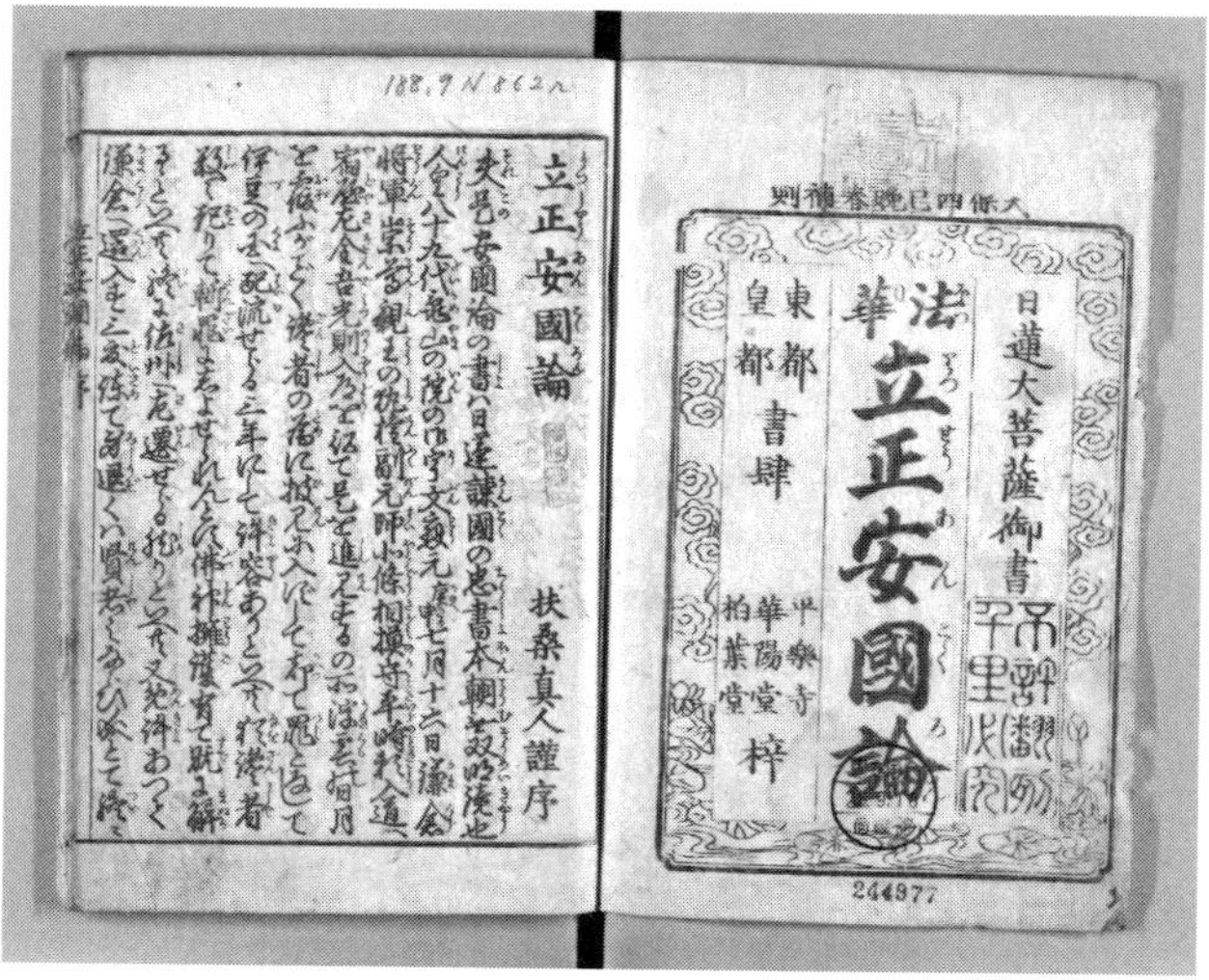

『立正安国論』の冒頭部分。嘉永７年（1854）刊。
国立国会図書館デジタルコレクションより。

であった北条時頼に提出した。日蓮は、この『立正安国論』は単なる著作ではなく、勘文《かんもん》という、朝廷、幕府の諮問《しもん》に対して先例などを調査し、上申した（意見を申し上げた）書として理解していた。

文永五年（一二六八）に書かれた「安国論御勘由来《あんこくろんごかんゆらい》」によれば、文応元年七月一六日に、宿屋《やどや》入道（後述）を介して時頼に提出されたという。

北条時頼に提出した原本は、日蓮に返却され、日蓮はそれを手元に置いてたびたび書写して檀越《だんおつ》（後援者）に授与したとされる（中尾堯『日蓮』）。実際、文永六年（一二六九）一二月八日に書写し、門下の矢木胤家《やぎたねいえ》に与えた日蓮自筆写本が中山法華経寺《なかやまほけきょうじ》（現・千葉県市川市）に伝来し、現在は国宝となっている。

もっとも、日蓮がどこで、どのようにして『立正安国論』を執筆したかははっきりしていない。一説によれば、駿河国岩本《するがのくにいわもと》の実相寺《じっそうじ》（現・静岡県富士市）の経蔵《きょうぞう》（経典を納めておく蔵）にこもって、一切経《いっさいきょう》（仏教の典籍を集成したものの総称）を閲覧し、要文を作成し、『立正安国論』を著したという。

この点は、実相寺と富士川《ふじかわ》を挟んで対岸に位置した四十九院《しじゅうくいん》の住僧で、日蓮の六弟子の一人となる日興《にっこう》（一二四六〜一三三三）と日蓮の出会いを説明するうえで重要だとされてきた。すなわち、日蓮が実相寺に来た時に、日興が日蓮に協力し、師弟関係となったというのである。非常に示唆に富む話であるが、残念ながら確証はない。現在は、日蓮と日興との出会いは、日蓮が文永二年（一二六五）に駿河に来た際と考えられている（高木豊『日蓮とその門弟』）。

とりわけ、日蓮が鎌倉に滞在していたとすれば、天台宗の人脈を使って鎌倉で本の貸借や一切経蔵入蔵などができたと考えられるので、一応、鎌倉の名越で書いたと推測しておく。

また、能登《のと》の妙成寺《みょうじょうじ》（現・石川県羽咋市）には、『立正安国論』提出に関するとおぼしき「故最明寺入道見参御書《こさいみょうじにゅうどうけんざんごしょ》」という五行ほどの真筆断簡が残されている。それによれば、日蓮は単に意見書を提出しただけではなく、実際に時頼と面談し、自己の意見を述べた。その際には、念仏だけではなく禅をも併せて批判したという（佐藤弘夫全訳注『日蓮「立正安国論」』）。

日蓮が『立正安国論』を宿屋入道を取り次ぎ者として北条時頼に提出したことに異論はないが、直接、時頼に見参し、そのうえ禅までも批判したというのは、大いに疑いの余地がある。

まず、日蓮の当時の立場が問題となる。先に述べたように日蓮は「沙門」と名乗る遁世僧で、日興筆写の『立正安国論』には、「天台沙門」と記されている。すなわち、高位の、著名な官僧ではない。それゆえ、よほどのコネがなければ北条時頼に直接会えたとは考えがたい。

また、その際に念仏ばかりか禅までも批判したというのも到底考えがたい。そもそも、時頼は禅の熱心な信者であったし、取り次ぎ役の宿屋入道は当時、蘭渓道隆《らんけいどうりゅう》（臨済宗《りんざいしゅう》の渡来僧、一二一三～七八）に帰依した禅の信者であったからだ。宿屋入道は、法名を最信《さいしん》といい、俗名は宿屋光則《みつのり》といった。彼は北条得宗家御内人《とくそうけみうちびと》（得宗被官。北条氏嫡流家直属の家臣）の一人であった。奈良西大寺叡尊が弘長《こうちょう》二年（一二六二）に北条実時《さねとき》（一二二四～七六）、時頼の招聘によって鎌倉に下向した際の記録である『関東往還記《かんとうおうかんき》』の同年六月一六日条には、時頼の使者として宿屋入道最信の名が見える。また、翌弘長三年一一月二〇日の時頼臨終の際には、看病のために、武田政綱《たけだまさつな》ら六人とともに枕《まくら》もとに侍《はべ》った（『吾妻鏡《あずまかがみ》』）。すなわち、時頼の信頼厚い近臣であった。

とりわけ、弘長元年に蘭渓道隆に寺院を寄進するほど、蘭渓に帰依し、臨済禅の篤信者であった点は重要である（『鎌倉遺文』所収弘長二年閏七月四日付蘭渓道隆書状）。

宿屋入道が日蓮に帰依したのは、文永八年（一二七一）九月に日蓮が佐渡に配流された際に、日蓮とともに逮捕された日朗《にちろう》を預かったことを契機とすると考えられている（日蓮の信者となった宿屋入道は自宅を寺とした。宿屋の俗名光則により光則寺《こうそくじ》という）。とすれば、その当時は禅の篤信者である宿屋入道が、禅も批判する日蓮の時頼への見参を認めたとは考えがたい。

『立正安国論』の構成

次に、いよいよ『立正安国論』の構成と内容を見ておこう。『立正安国論』は次のような旅客の嘆きから始まる。

旅の客人がやってきて嘆いて言うには、近年から近日にかけて、天変地異・飢饉・疫癘《えきれい》が隅々まで天下に満ち、広く地上に噴出している。牛馬は路上に倒れ、骸骨《がいこつ》は道に溢《あふ》れている。死者は人口の半ばを超え、この悲惨な状況を悲しまない者はいない。

日蓮が鎌倉に来て住みだした頃、鎌倉を大地震が襲った。正嘉元年（一二五七）八月二三日の大地震である。鎌倉幕府の正史『吾妻鏡』には次のように記されている。

戌刻《いぬのこく》（午後八時頃）に大地震があった。轟音《ごうおん》が響いた。神社仏閣は一つとして壊れなかったものはない。山岳も崩れ、人屋も顛倒《てんとう》した。築地塀《ついじべい》もみなことごとく破損した。ところどころで、地面は裂け、水が湧《わ》き出した。中下馬橋《なかのげばばし》の辺りでは、地面が裂けて、その中から火炎が燃えだした。色は青色であったという。

さらに、正嘉元年から三年にかけて正嘉の飢饉が東日本を襲った。寒冷な気候が続き、それに長雨や風が加わったのである。また、疫病がはやり、多くの死者が巷《ちまた》に溢れた。日蓮は、こうした大地震の惨状や飢饉・疫病の流行を目《ま》の当たりにしていたのである。そうした認識を踏まえて、先の旅客の嘆きが書かれた。

『立正安国論』の要点は、正嘉以来の地震や飢饉、疫病などの災害の由来は国家が邪法（念仏）を採用しているからで、その邪を捨てて正しい教え（法華経、この頃は真言宗も重視していた）に帰依することこそ、災害をなくし、国家を安穏ならしめる道、と説くことにある。そうした自説を旅客と主人との問答形式をとって展開している。旅客が一般的な疑問を提示し、主人が日蓮の立場を代弁して答える形式で、九つの問答（一〇問答に分ける説もある）のあとで、最後に客が主人の説に従う構成となっている。一応、旅客は念仏信者、主人が日蓮という構成であるが、客の意見にも日蓮の考えが表れているのは当然である。以下、その問答の概要を見る。

九の問答

・第一問答

ここでは、旅客が近年のうち続く災害を嘆き、阿弥陀仏・薬師仏《やくしぶつ》・『法華経』・『仁王経《にんのうきょう》』・密教・座禅・神祇《じんぎ》など、種々の教えを信じ、実践しているが、災厄が一向に衰えないことを嘆く。そのうえで、どうしてこういう事態が生じたのかを問う。主人は、経文によれば、世の中が正しい教えに背き、人々が悪に帰依しているので、善神も聖人も国を捨て去ってしまい、逆に悪魔や鬼神がやってきて災難が起こる、と説いた。

・第二問答

旅客は、そのことはどの経典に説かれているのかと問う。それに対して、主人は『金光《こんこう》明経《みょうきょう》』『大集経《だいじっきょう》』『仁王経』『薬師経』の文を引いて証拠とする。

・第三問答

客は、中国でも日本でも、支配者から民衆に至るまで仏教を奉じている。どうして正しい教えに背いているだろうかと、顔色を変えて詰め寄った。主人は、以下のように答えた。確かに仏教が盛んなように見えるが、法師らはこびへつらい、王臣たちも正邪をわきまえていない。そして、『仁王経』『涅槃経』『法華経』などの経文を引いて、悪い僧侶を諫めることなくして、どうして善事を成就することができようか、と説く。

・第四問答

客は憤り、「名君は天地の道理によって教化する。聖主は理非曲直を弁別して世を治める。今日は僧侶が天下の人々の帰依を集めている。それゆえ悪い僧が跋扈《ばっこ》するはずはない。一体、悪僧とは誰のことであるか」と尋ねた。それに対し、主人は後鳥羽院時代の法然が悪僧とする。その理由は法然が阿弥陀仏のみを尊重し、それ以外の釈尊の仏法を破棄したことによるとする。

・第五問答

客は、ますます怒って「勢至菩薩《せいしぼさつ》の化身、善導の生まれ変わりとされる立派な人物（法然上人）を、謗るのはとんでもないことだ。また、どうして、近年の災害の原因を法然上人が念仏を広めた後鳥羽院の御世に帰し、道綽・善導らの先師を謗り、あまつさえ法然上人を誘るのか」と批判した。主人は、改めて法然の非なることを言い、往時の法然の非が近年の災害となって現れてきたという時間差について、中国の例を引いて、その可能性を主張した。

・第六問答

客はいささか和んで、「どうしてあなたは賤《いや》しい身でありながら、念仏の悪口《あっこう》（根拠のない誹謗）を言い、かつ、それを上奏するのか」と問うた。主人は、『涅槃経』を引用しつつ、壊法《かいほう》の者（仏法を破壊する者）を呵責《かしゃく》するのが義務であり、自分だけではなく、法然一門に対しては歴代禁圧がなされてきたことを述べた。

・第七問答

客は和んで、「法然上人が本当に経典をけなし僧侶を誹謗したのかわからないが、法然上人が大乗経典や一切の仏・菩薩・諸天《しょてん》（天上界の神々）に対する信仰を放棄させようとしていることは確かだ。しかし、それは玉に瑕《きず》ともいうべきわずかな欠点ではないか。あなたの念仏誹謗の是非はよく分からないが、災いを消し、難を止める術《すべ》があれば教えてほしい」と請うた。主人は、『涅槃経』『仁王経』『法華経』を引用して、謗法の人を禁じて、正道の僧侶を重んじれば国土は安穏になり、天下は泰平となろうと述べ、謗法者すなわち法然門下を断つべきであると言った。

・第八問答

客は、「謗法者を殺害しろと言うのですか。その方が重罪ではないか」と問うた。主人は、実際には謗法者に対して布施をやめることだと述べた。

・第九問答

客は座から下り襟《えり》を正して、謗法者（法然門下）に対する布施をやめ、国土泰平・天下安穏を求めようと誓った。主人は、それを悦《よろこ》び、もし謗法者である法然一門を放っておくと、やがて、まだ起こっていない『薬師経』に予言された、「他国侵逼難《たこくしんぴつなん》」（他国から侵略を受ける難）と「自界叛逆難《じかいほんぎゃくなん》」（自国内で反乱が起こる難）が起こると警告し、『大集経』『仁王経』『法華経』『涅槃経』なども引用する。主人のこうした答えに、客は信服し、邪法を退治することを誓って終わる。

以上の九つの問答を通じて日蓮は、正嘉以来の地震や疫病などの災害は国家が邪法（法然門下の念仏）を重用しているからで、その邪法を捨てて正しい教え（法華経や真言宗）に帰依すれば、災害をなくし、国家を安穏ならしめることができると説いている。

すなわち、日蓮は『立正安国論』によって、法然の専修念仏を批判し、鎌倉幕府が法然門下に布施を与えないように求めたのである。いわば、日蓮が念頭に置いた主敵は法然と専修念仏門下であった点は押さえておこう。

地震や疫病などの原因を邪法を重用していることに求める論理は、現在の科学的合理主義からすれば、論外で非科学的である。しかし、科学が発達せず、宗教が大きな役割を果たしていた中世人においては極めて合理的な考えであったことは忘れてはならない。そこで、『立正安国論』の論理を少し見ておこう。

立正とは

『立正安国論』の立正安国とは「正法を立て、国を安んじる」という意味であるが、日蓮は国の乱れを「法然の専修念仏などの悪法が世に広まり、日本を守っている善神が逃げ出したため」と定義づけた。そのうえで、国を安定させるためには正法（正しい教え）を広めるべきだと論じた。

ここでまず問題となるのは、正法とは何かである。日蓮といえば、後に法華独勝《どくしょう》（法華経がすべての経典の中で最も勝れている）の立場を唱えたので、正法＝法華経と思われがちだが、『立正安国論』では、他の経典の価値も認めていた。というのも、先述のように『立正安国論』では、末法において浄土教以外の教えを否定する法然とその一門を邪とし、北条時頼に彼らに布施を与えないように求めているからだ。

（法然は）曇鸞・道綽・善導の誤った解釈に依拠して聖道門・浄土門、難行道《なんぎょうどう》・易行道《いぎょうどう》の区分を設け、法華経・真言など総じて釈迦一代で説かれた大乗の経典六百三十七部二千八百八十三巻、一切の諸仏・菩薩および諸《もろもろ》の世天《せてん》等を、みな聖道・難行・雑行等として、あるいは捨て、あるいは閉じ、あるいは閣《さしお》き、あるいは抛《なげう》った。この四字をもって多く一切を迷わし、あまつさえ三国の聖僧、十方《じっぽう》の仏弟子をみな群賊とし、併せて罵詈《ばり》した。

引用したのは第四問答の一部であるが、法華経を真言と並列したうえで、法然が総じて釈迦の一代で説かれた大乗経典や一切の諸仏・菩薩および諸の世天等を「捨」、「閉」、「閣」、「抛」した、と非難していることがわかる。

このように、『立正安国論』においては、『法華経』を重視しつつも、『法華経』以外を否定する法華独勝の立場に立っていたわけではない点は注目しておく必要がある。

また、こうした法然の『選択集』に見られる専修念仏の立場が、釈迦の教えを否定するという批判は明恵にも通じる考えで、決して日蓮に独自な考えではない点にも注意する必要がある。

安国とは

次に問題となるのは、日蓮がイメージしていた「安国」の内容である。安国というと、戦前の日蓮主義の影響もあって鎮護国家と同義のように思われるかもしれないが、そうではない。鎮護国家の国家とは、天皇のことを指している。大和《やまと》民族共同体の代表、象徴としての天皇ゆえ、極めて観念的、抽象的である。しかし『立正安国論』でいう「国」とは、そうした抽象的な国ではなかった。飢饉や地震が続き、疲弊した当時の人々の暮らす場であった。日蓮は国を失い家がなくなったならば、どこに逃れたらよいのだろうか（第九問答）と国の重要性を指摘するが、その国は人々の生活から遊離した国ではなかった点は重要である。

こうした国家観をもつに至ったのも、日蓮が官僧ではなく、官僧を離脱した遁世僧だったからであろう。遁世僧として、名越に庵室を構え、信者の悩みに応えながら生活していたからこその視点である。

さらに、その国というのは、日本という国のレベルに止まるものではなかった点も注目される。

> 客よ、あなたは早く（誤った）信仰のささやかな心を改めて、真実の教えである唯一の善（法華経）に帰依しなさい。そうすれば、この三界《さんがい》はすべて仏の国である。仏の国が

衰えることがあろうか。十方すべて宝の土地である。宝の土地がどうして壊れようか。国が衰えず、土地が壊れなければ、身は安全で、心は禅定《ぜんじょう》に入って安らかである。この言葉を信じ、崇《あが》めなさい。

すなわち、『法華経』に帰依するならば、この世界がすべて仏国であるとするユートピア的国土観を有し、日蓮の国とは日本をも超えていた点も重要である。

『立正安国論』でいま一つ重要なのは、幕府が邪法を信じ重用していると、やがて、まだ起こっていない『薬師経』に予言された、「他国侵逼難」と「自界叛逆難」が起こると警告した点である。「他国侵逼難」と「自界叛逆難」こそ、蒙古襲来や二月騒動の惹起《じゃっき》によって、日蓮が自分の予言通りのことが起こったと確信した理由である。蒙古襲来については後述するが、二月騒動は文永九年（一二七二）二月に、鎌倉と京で起こった北条氏一門の内紛である。将軍の補佐役である執権《しっけん》北条時宗《ときむね》の命により、謀反《むほん》を企てたとして鎌倉で北条氏名越流の名越時章《ときあき》・教時《のりとき》兄弟、京では六波羅探題南方《ろくはらたんだいみなみかた》で時宗の異母兄北条時輔《ときすけ》がそれぞれ討伐された。これを日蓮は「自界叛逆難」と捉《とら》えた。

鎌倉大仏建立と『立正安国論』

次に、日蓮が文応元年（一二六〇）に『立正安国論』をなぜ書いたのかを考察する。『立正安国論』において日蓮が最も批判し、鎌倉幕府に対して布施を与えないようにとしたのは法然門下であった。とすれば、おそらく、日蓮は、鎌倉幕府によって法然一門がことさら優遇されている事実を目の当たりにしていたと考えられる。その事実とは何であったのだろうか。それは、当時の状況を考えれば鎌倉金銅《こんどう》大仏の建立ではなかったかと考えられる。

鎌倉大仏は、念仏僧浄光《じょうこう》の勧進《かんじん》活動（寄付を募る活動）によって制作された。最初は木像で、寛元《かんげん》元年（一二四三）六月一六日には完成した。だが、破損したらしく、建長四年（一二五二）八月一七日になると、今度は金銅像の鋳造が開始された。

注目されるのは、鎌倉の金銅大仏が完成したのは、文応元年（一二六〇）一一月二二日から、文永元年（一二六四）四月五日以前の間と考えられ、おそらく文永元年であろうと考えられていることだ。とすれば、日蓮が『立正安国論』を提出した文応元年七月一六日頃は、多くの職人が動員され、日蓮も建立の様子を目にしていたはずである。

鎌倉幕府は、念仏僧浄光の大仏造営に大いに協力していた。幕府は、鎌倉大仏を「東土利益《とうどりやく》の本尊」と位置づけ、後援していたのである。具体的には東海道、東山道、山陰道、山陽道のみならず、北陸道、西国まで、人別一文の寄付を募ることを浄光に認めた（拙著『鎌倉古寺を歩く』)。また、幕府は、囚人を預かっていながら逃がした御家人に対して、過料を課し、それを大仏造営料に充てている(『吾妻鏡』仁治二年四月二九日条)。

以上のように、日蓮にとって邪法の最たるものであった法然門下の浄光が、鎌倉で大仏建立の責任者として、幕府の支援を受けて巨大金銅像の制作にあたっていたのを目にしていたことは、『立正安国論』の提出の重要な動機となったと考えられる。

しかし、浄光ら鎌倉で勢力をもっていた念仏者たちは、決して専修念仏者ではなく諸行も認める融和主義の念仏者であった点にも注意を払う必要がある。

日蓮はそうした『立正安国論』を北条時頼に提出したが、鎌倉幕府には全く無視された。

鎌倉大仏。日蓮の時代には大仏殿があった。

こうした日蓮の激しい念仏批判は、少数ながらも信者を獲得することに成功はしたが、他方で激しい敵を作ることになった。『立正安国論』を提出した翌月の八月二七日には、東条景信ら念仏者に名越の草庵を襲撃され、下総の富木常忍《ときじょうにん》のもとへ難を逃れた。この法難を松葉ヶ谷の法難という。

結局、日蓮は弘長元年(一二六一)五月一二日から同三年二月二二日まで伊豆へ配流されることになった。この配流期間中に、鎌倉における宗教情勢を変える事件が起こった。弘長二年における奈良西大寺叡尊の関東下向である。

この叡尊の関東下向によって、関東における宗教状況は一変し、鎌倉極楽寺を中心とした新義律宗《しんぎ》（真言宗も重視・兼修したので、江戸時代以降は真言律宗と呼ばれる）が主要な教団となった。この点はあとで詳述することにして、ここで日蓮が重視した『法華経』などについて整理しておこう。なお、こうした教理論に関心がない読者は、読みとばして第三章に進まれたい。

『法華経』とは

日蓮は、「天台沙門」とか「法華経行者」と自己規定したように、天台宗とそれが重視する『法華経』を至高の経典として、絶対視していた。結論的な言い方をすれば、当初は「最澄時代の天台宗へ帰れ」というのが日蓮の目標であった。それゆえ、日蓮を理解するうえで、『法華経』と天台宗の概要について知っておくことは重要である。そこで、少しまとめておこう。

『法華経』は、大乗経典の一つで、サンスクリット語の原典もある。その原題は「サッダルマ・プンダリーカ・スートラ」。「サッダルマ」は正しい教え、「プンダリーカ」は白い蓮の花、「スートラ」は経のこと。それが漢訳されて日本に伝わった。それらには三種あるが以下の二種が重要である。一つは竺法護《じくほうご》が訳した（二八六年）もので「正法華経」という。他の一つは鳩摩羅什《くまらじゅう》が四〇六年に訳したもので、「妙法蓮華経」という。

鳩摩羅什は中央アジア亀茲《きじ》（クチャ）国出身で、その訳は名文で知られ、彼の訳した「妙法蓮華経」の方が広まった。

鳩摩羅什には、死後、荼毘《だび》に付されたが、彼の舌は焼けず、彼の墓の側を通ると墓の下から読経の声がしたという伝説が残っているほど、言語能力に優れた人であった。鳩摩羅什訳の『妙法蓮華経』は、二七品《ほん》（章のことを品という）構成であったが、後世に「提婆達多品《だいばだったほん》」が追加され、二八品構成となった。

ところで、天台宗は、中国隋代《ずいだい》の智顗《ちぎ》（五三八〜五九八）によって大成された。智顗が中国浙江省《せっこう》に所在する天台山《てんだいさん》を拠点としたことから天台宗と呼ばれた。智顗の代表的な著作である『法華玄義《ほっけげんぎ》』『法華文句《ほっけもんぐ》』『摩訶止観《まかしかん》』は天台三大部と呼ばれ、後に非常に重視された。

『法華玄義』は、「妙法蓮華経」という経題の解釈により『法華経』の中心思想を解明しようとしたもの、『法華文句』は『法華経』本文の注釈、『摩訶止観』は、勝れた止観（瞑想《めいそう》）という意味で、瞑想の実践法を説く。『法華玄義』『法華文句』のタイトルからわかるように、天台宗は『法華経』を最重要視した。

仏教では、建前上、経典はすべて開祖である仏陀（釈尊）が説いたことになっているが、実際は長い期間にわたって順次形成されてきたと考えられている。とりわけ、日本で広く受け入れられている『法華経』などの大乗経典は紀元前後以降に編纂《へんさん》されたと考えられている。そのために、中国には小乗、大乗の経典が同時に入って翻訳されたために、相矛盾するものもあり、教相判釈という経典の整理・ランク付けがなされた。天台宗では、『法華経』を釈迦が説いた根本の真理として最高の経典とした。

天台宗の教相判釈

天台宗の教相判釈は、五時八教と呼ばれる。まず、五時は釈迦の説法年時により五期に分けた分類である。

（一）華厳時《けごんじ》　釈迦は悟りを開いてただちに、『華厳経』を説いたが、誰も理解できない。

（二）阿含時《あごんじ》（鹿苑時《ろくおんじ》）　次の一二年間は『阿含経』を説いて小乗の機根《きこん》（教えを聞いて修行しうる能力）の者を誘引した。悟りの境地をそのまま説いても誰も理解できないことから、まず低次な教えから説いたのである。

（三）方等時《ほうどうじ》　その後の八年間は、小乗を批判して大乗に引き入れるために『維摩経《ゆいまきょう》』などを説いた。

（四）般若時《はんにゃじ》　次の二二年間は大小乗の執着を捨てさせるために『般若経《はんにゃきょう》』を説いた。

（五）法華涅槃時《ほっけねはんじ》　晩年の八年間は『法華経』の一乗真実の教えを説き、最後の一日一夜、『涅槃経』によってこれまで漏れていた者もすべて救おうとした。

この五時説では、『華厳経』を別とすれば、『阿含経』から順に低次な教えから高次な教えへと引き上げ、最後に最高の教え（真実）である『法華経』を説いたという。『涅槃経』は『法華経』の補遺的な存在とされる。

仏教では、真実へ導くための手段を方便と呼ぶが、天台宗の教相判釈では『法華経』以前は方便の教えとなる。また、『法華経』以前の諸経は、「爾前《にぜん》の教え」と呼ばれる。

他方の八教は、複雑であり、ごく簡単に言えば、教え導く方法の上から立てた化儀《けぎ》の四教と、導かれる側の能力に応じた教えの内容の上から立てた化法《けほう》の四教とから成る。化儀の四教は頓教《とんぎょう》・漸教《ぜんきょう》・秘密教《ひみつきょう》・不定教《ふじょうきょう》、化法の四教は三蔵教《さんぞうきょう》（蔵教）・通教《つうぎょう》・別教《べっきょう》・円教《えんきょう》をいう。第五時の『法華経』のみが、頓・漸・秘密・不定の四教の化儀を離れ、化法四教のうち蔵・通・別の前三教のいずれをも兼ねることなく、純粋にもっぱら円教のみを説くとする。これがいわゆる純円独妙《じゅんえんどくみょう》の『法華経』であるとし、『法華経』が一代経教のうちの最も勝れた経典であるとする。

こうした五時八教説に従って『法華経』を根拠とする天台宗こそが諸宗のうちで最も勝れ

た宗旨であることを主張している。

それでは、天台宗が『法華経』によって明らかにされたとする真実とは何であろうか。それは一乗思想であるとされる。一乗は、三乗と対比され、『法華経』以前では三乗が説かれたという。三乗というのは、人々の悟りに三種類（声聞乗《しょうもんじょう》、縁覚乗《えんがくじょう》、菩薩乗《ぼさつじょう》）があるとするものである。声聞乗とは仏の声（教え）を聞いて悟ることで、縁覚乗は自ら縁起の真理を悟ることで、菩薩乗は菩薩として実践し、それによって悟ることである。自己の悟りだけを求める声聞乗と縁覚乗とは小乗の立場とされ、自己のみならず他者の救済を目指す菩薩乗は大乗の立場とされる。三乗の立場によれば、三つは別々であり、小乗と大乗は相容《あいい》れないと考えられている。他方、『法華経』の一乗の立場は、三乗の区分はなく、すべての人は仏になることができると説く。たとえ、低次の小乗の立場から始めた人も、仏の立場まで引き上げられるという。

もう一つは、諸法実相である。一切存在の真実の姿（本質）という意味であるが、後に、一切存在がそのまま真実の姿を表していると理解されるようになった。

先述した天台三大部の『摩訶止観』では、諸法実相をより展開して一念三千《いちねんさんぜん》説を説いている。一念三千説というのは、一念（ごくわずかな心）の中に全世界の真理が含まれているとする。

まず、生あるものが存在する十の世界（十界《じっかい》）のそれぞれが、自らの内に、それら十界を含んでいる。十界とは、地獄、餓鬼、畜生、修羅、人、天、声聞、縁覚、菩薩、仏の世界のことである。地獄で苦しむ者にも仏の要素がある。仏であっても地獄の要素をもっていなければ、地獄で苦しむ者を救うことはできないとする。十界におのおの十界があることで百界となる。一念三千の三千というのは、その百界のそれぞれが十の要素（十如是《じゅうにょぜ》といい、相《そう》、性《しょう》、体《たい》、力《りき》、作《さ》、因《いん》、縁《えん》、果《か》、報《ほう》、本末究竟等《ほんまつくきょうとう》）を具《そな》えるとするので千となり、さらに、そのそれぞれが三世間（五陰《ごおん》世間、衆生《しゅじょう》世間、国土《こくど》世間）を具えているので、全部で三千となる。五陰世間とは、色《しき》・受《じゅ》・想《そう》・行《ぎょう》・識《しき》の五蘊《ごうん》らから成る世界のことで、衆生世間、国土世間とを作り上げている五つの要素である。衆生世間は、生き物たちの世界。物と心との関わり合いの境地のことである。国土世間は、生き物たちが住む自然環境としての世界である。

ここでは、日蓮がこの一念三千説を天台の最も中核と捉えていた点に注目しておこう。

迹門と本門

天台宗では、『法華経』二八品を二つに分け、前半の一四品を迹門《しゃくもん》、後半一四品を本門《ほんもん》とする。感覚で捉えられない本質（本という）が、感覚世界に表れることを迹という。なぜ、前半を迹門といい、後半を本門というかは、両者で説かれる仏身論の違いによる。

迹門では、教えを説く仏は釈迦族の王子として誕生し、ブッダガヤーで悟り、教えを説き、クシナガラで入滅する釈迦である。要するに人間釈迦である。

他方、本門の「如来寿量品《にょらいじゅりょうほん》」で明かされる仏こそ、真の仏とする。八〇歳で入滅する歴史的な仏は、人々が分かりやすいように、人間の姿を取ったに過ぎず、仏の真の姿ではないというのである。真実の仏は、想像を絶するはるか過去（五百塵点劫《ごひゃくじんてんごう》という）に既に悟りを開いたというのである。この仏こそ、迹門の仏に対する本当の仏、本門の仏である。

釈迦の滅後に成立した大乗仏教は、仏を入滅した過去の存在としてではなく、永遠なる存在として捉え直そうとした。たとえば、阿弥陀仏は、この世界とは別の極楽浄土で無量の寿命をもって救済してくれる仏である。『法華経』は、他の別世界ではなく、この世界において、生きた仏の永遠性を主張しようとしたのである。

また、本門の最初にあたる第一五品の「従地涌出品《じゅうじゆじゅっぽん》」では、釈迦の説法を聞くために霊《りょう》鷲山《じゅせん》に集まった弥勒《みろく》をはじめとする多数の菩薩たちは、仏滅後の娑婆《しゃば》世界で『法華経』を護持し布教する許可を釈迦に求めたが、釈迦は許さなかった。その時に、地が震え地表が裂けて、突然、地の下から上行《じょうぎょう》、無辺行《むへんぎょう》、浄行《じょうぎょう》、安立行《あんりつぎょう》の四菩薩に率いられた無数の菩薩たちが涌《わ》き出してきた。釈迦は、それらの「地涌《じゆ》の菩薩」（大地から出てきた菩薩）たちをかつて自分の教えを聞いた弟子たちと紹介する。そこにも釈迦の永遠性が示されている。釈迦は、自己の滅後は世は乱れ濁悪の時代が到来するだろう。そうした苦難の世には、弥勒ら今世で初めて仏の説法を聞いた者たちは、その難に勝って法を広めることができない。遠い過去世において教化を受けてきた地涌の菩薩たちだけがその困難な任務を遂行できる。それゆえ、地涌の菩薩たちに『法華経』の弘通《ぐずう》（教えを広めること）を委嘱《いしょく》する、と言う。ここでは、日蓮が、地涌の菩薩たちの代表である上行菩薩に自己を模していた点にも注目しておこう。

『法華経』の三部構成

以上のように、天台宗では『法華経』を迹門と本門の二部立てで理解するが、『法華経』成立論では、『法華経』を三部に分ける三段階説が有力である。

第一部は、序品から第九の「授学無学人記品《じゅがくむがくじんきほん》」までで、最も古く成立したと考えられている。この第一部は、第二の「方便品《ほうべんほん》」の誰でも仏となれるという思想が中心である。

第二部は、第一〇の「法師品《ほっしほん》」から第二二の「嘱累品《ぞくるいほん》」までで、第一部に遅れて成立したと考えられている。そこでは久遠《くおん》の釈迦を説く「如来寿量品」を含む。とりわけ、釈迦滅後の菩薩の実践が多く語られている。種々の迫害に耐えつつ、『法華経』の弘通に邁進《まいしん》することこそ菩薩のなすべきことであり、久遠の仏もそうした菩薩の前に姿を現すという。

第三部は、第二三の「薬王菩薩本事品《やくおうぼさつほんじほん》」以下である。この部分では薬王菩薩、妙音《みょうおん》菩薩、観世音《かんぜおん》菩薩など、種々の菩薩の信仰が説かれている。第三部は、本来、別々に独立して発展してきたそれら菩薩への信仰を『法華経』に取り込み、統合したもので、成立時期は最も遅れると考えられている（異論はある）。

ここで注目したいのは、日蓮が第二部の菩薩の実践を説く諸品を重視し、自らをそれらに説かれた菩薩に重ね合わせている点である。日蓮は、「法華経の行者」と自称したように、『法華経』自体を対象とし、その弘通に命を懸けることになる。とりわけ、第二部第一五の「従地涌出品」の地涌の菩薩たちは、『法華経』を護《まも》り、久遠の釈迦に従うべく、地面から涌き出てきたのであるが、日蓮はこの地涌の菩薩に自己を同化させていく。

『法華経』を最高の経典とし、それを迹門・本門に二区分する考え方、一念三千説、地涌菩薩説などを、日蓮は天台宗から学びつつも、迹門より本門を重視する独自の考えを生んだ点は注目に値する。

第三章　蒙古襲来と他宗批判

念仏系寺院の展開と法難

文応元年（一二六〇）に日蓮が『立正安国論』を提出したことは波紋を生んだ。それによって、日蓮が下総から鎌倉に出てきていることがわかったからであろう。前章でも述べたように、日蓮の住む名越の草庵が念仏者の襲撃を受けた。松葉ヶ谷の法難である。日時ははっきりしないが、一説によれば八月二七日のことであったという。

襲撃した念仏者側が日蓮を殺そうと考えていたかどうかははっきりしないが、日蓮は殺されると思ったようで、庵室を抜け出し難を逃れた。日蓮は、これを機に一旦《いったん》は、下総の八幡荘に避難したという。

こうした襲撃事件が起こった背景には、念仏系の鎌倉での発展があったことに注目しておく必要がある。先述のように、日蓮が『立正安国論』を提出した一二六〇年頃は、鎌倉の金銅大仏建立が最盛期に入っていた。そのことは、法然門下の念仏系が都市鎌倉で隆盛期を迎えていたことを示している。大仏建立の総責任者であった浄光を頼って念仏僧が集まってきていた。浄土宗寺院で鎌倉一の伽藍《がらん》を誇る材木座《ざいもくざ》光明寺《こうみょうじ》の開山良忠《りょうちゅう》（一一九九～一二八七）もその一人であった。良忠は一二六〇年に下総から浄光を頼って鎌倉に入り、北条一族の大仏朝直《おさらぎともなお》（一二〇六～六四）の帰依を受けて佐介ヶ谷《さすけがやつ》に悟真寺《ごしんじ》を建てたという。なお、この悟真寺が蓮華寺《れんげじ》と改称した後に、現在地に移転して光明寺となった。

鎌倉の西南を押さえる極楽寺は、良観房《りょうかんぼう》忍性が拠点とした律寺として知られるが、一二六〇年頃は、念仏系の寺院であった。極楽寺は、正嘉二年（一二五八）以前に、北条重時《しげとき》（一一九八〜一二六一）を開基、念仏僧の正永《しょうえい》和尚を開山として、深沢谷に開かれた。しかし、正嘉二年に正永和尚が亡くなったのを機に、翌年、重時の別荘があった現在地に移ったという。弘長三年（一二六三）一〇月には北条重時の三回忌が極楽寺で行われ、浄土宗証空《しょうくう》上人（一一七七〜一二四七）の弟子宗観房《そうかんぼう》が導師を務めた。この宗観房は名越一族で極楽寺の根本《こんぽん》（中心人物）であった。このように、後には忍性によって叡尊《えいぞん》教団（新義律宗）の拠点寺院となる極楽寺も、その頃は念仏系の寺院であった。とくに、六波羅探題、連署《れんしょ》（執権の補佐役）を歴任し、鎌倉幕府の重鎮であった北条重時が念仏信者で、極楽寺の有力支援者であった点に注意を喚起したい。

この他、金沢称名寺《しょうみょうじ》（現・神奈川県横浜市）も、特定の日時を定めて昼夜間断なく念仏を称える不断念仏衆が置かれ、文永四年（一二六七）九月に律寺となるまでは、北条実時の親戚の念仏僧乗台《じょうだい》が住持を務める念仏系の寺であった。

以上のように、都市鎌倉において念仏系の寺院が発展期を迎えていたが、逆に言えば「道心堅固《けんご》」でない念仏僧も鎌倉では顕著に見られるようになっていた。そのため、鎌倉幕府は弘長元年（一二六一）二月には、「道心堅固」な念仏者は別として「妻帯し、魚鳥を食べる」といった不謹慎な者の鎌倉からの追放を命じる法律を出して、それらを禁じている。それだけ、鎌倉において念仏系の信者が増えていたのである。とりわけ、名越には念仏者の首領と見なされていた道教房念空《どうきょうぼうねんくう》（?～一二八七）が長老を務めた新善光寺《しんぜんこうじ》が所在した。新善光寺は、浄土宗西山派《せいざんは》の智導《ちどう》が開山したとされる念仏系の寺院であった。智導は仁治三年（一二四二）に北条泰時《やすとき》の死に際して導師として念仏を勧めている。新善光寺は、名越の弁ヶ谷《べんがやつ》の奥に所在し（三一頁の地図を参照）、そこは名越でも海岸に近い谷の一つで、現在の鎌倉市材木座四丁目にあたる。注目すべきは、そこが日蓮の松葉ヶ谷草庵跡とされる長勝寺の裏（南側）にあたる点で（高橋慎一朗『中世の都市と武士』）、新善光寺僧らは日蓮の動きを警戒していたはずである。

伊豆配流

松葉ヶ谷の法難の後の日蓮の活動は不明であるが、しばらく下総国八幡荘の富木常忍《ときじょうにん》邸に滞在し、そこを中心に周辺を教化していたのではないかと考えられている。結局、暫時の下総滞在を経て、鎌倉名越の草庵へ戻ったが、当然、近くの名越新善光寺の念仏僧らの知るところになったはずである。

当時、新善光寺の住持であった道教房念空は鎌倉の念仏僧らの首領であり、彼が念仏僧を代表しておそらく「悪口《あっこう》の咎《とが》」で日蓮を訴えたのであろう。史料がないためにはっきりしないが、邪法である法然門流を排除しなければ、「安国」が達成できないとする日蓮の主張は、鎌倉で隆盛していた法然門下にとっては悪口であった。念仏者らは日蓮を配流することを求めたのであろう。

弘長元年（一二六一）五月一二日に、北条重時の子長時《ながとき》（一二三〇～六四）が執権であった鎌倉幕府は、日蓮を伊豆配流に処した。日蓮は、長時が父の極楽寺殿重時の意向を汲《く》んだせいだと考えている（「妙法比丘尼御返事」）。なお、「御成敗式目《ごせいばいしきもく》」によれば、悪口の咎は、認められれば、御家人は配流であった。僧侶は御家人に準じていたので、日蓮も清澄寺所属の官僧に準じて配流になったのであろう。

伊豆は、古代以来の配流地で知られる。平治《へいじ》の乱に敗れた源頼朝が配流されたことでも知られる。日蓮は、伊豆に送致され、地頭の伊東《いとう》八郎左衛門に預けられた。伊東八郎左衛門が病気になった際に、その病気平癒を祈禱したところ回復した。伊東は、そのお礼に海中から拾い上げた釈迦像を贈ったという。その像が、京都本圀寺《ほんこくじ》に現存する。

日蓮は、この伊豆配流中の弘長二年（一二六二）正月一五日に、「四恩抄《しおんしょう》」と呼ばれる書を書いている。その内容は要約すると以下のようになる。この流罪の身になったことで、大いなる悦びと嘆きの二つがある。大いなる悦びとは以下のようなものである。流罪は『法華経』「法師品《ほっしほん》」の「如来の現在すら、なお怨嫉《えんしつ》多し。いわんや滅度《めつど》の後をや（『法華経』を信仰するものは、釈迦が在世の時ですら怨《うら》みと嫉《ねた》みを被《こうむ》るものだ。まして仏滅後はなおさらである）」と説かれる仏の予言そのものに符合することであり、釈尊にも勝る大難を忍ぶ現在の境遇によって、昼夜不断に『法華経』修行をすることになった。したがって、讒言《ざんげん》した人、その讒言により配流に処した国主執権北条長時こそが、『法華経』を身をもって読むためには恩の深き人といえる。さらに真実の報恩の道を示し、仏法を習う者として、四恩（一切衆生《いっさいしゅじょう》の恩、父母の恩、国王の恩、三宝の恩）を報ずることが第一の悦びであるとする。一方、大いなる嘆きとして、『法華経』を受持する人を謗《そし》る罪の大なることが説かれている「法師品」の文を引用して、法華経の行者日蓮を謗る多くの人々に、千劫の阿鼻地獄（極めて長期間にわたって絶え間なく苦しみを受ける地獄）に落ちることを決定する一生にわたる原因を作らせたことを嘆いている。

日蓮は、文応元年（一二六〇）の『立正安国論』の提出以来、邪法である念仏を公的に批判し、『法華経』を宣揚してきたにもかかわらず、松葉ヶ谷の法難、伊豆流罪と、続々と日蓮に対する迫害が起こった。

そうした迫害によって、逆に、日蓮は法華行者を自覚し、『法華経』の正しさを確証するに至った。日蓮は、『法華経』に説かれた、仏の予言を単に知識として知っているだけではなく、身をもって実践しているのが自身であるという確信を抱くに至った。そして、日蓮はそれを『法華経』の色読《しきどく》と呼んだのである。

弘長三年（一二六三）二月二二日、日蓮は赦免された。日蓮は、もともと無罪であったのを讒言によって処罰されたと、北条時頼が知って許すように計らってくれたとする（「聖人御難事」）。その後の日蓮の足跡は翌文永元年（一二六四）九月まで、不明であるが、富木常忍の屋敷に身を寄せていたと推測されている。

鎌倉における忍性の台頭

日蓮が伊豆に配流された弘長元年（一二六一）から翌二年において、都市鎌倉における宗教状況は大きく変化した。とりわけ弘長二年は、都市鎌倉における宗教状況が変容を遂げるに至る画期的な年であったといえる。というのも、同年二月四日から八月一五日にかけて、北条実時と幕府の最高権力者であった時頼の招聘に応じて奈良西大寺叡尊が鎌倉へ下向していたからである。この叡尊の関東下向の背後には、叡尊の高弟忍性の用意周到な根回しがあったであろうことはいうまでもない。ここに叡尊をいわば祖師とする叡尊教団（新義律宗教団とも呼ぶ）が鎌倉幕府と太いパイプを結ぶことになり、鎌倉で大きな勢力を築いていった。

その結果、名越の尼のような日蓮の信者であった人々からも、叡尊教団の信者に改宗する人も出たのである。

従来、叡尊とその高弟忍性に関しては、過小に評価されてきた。というのも、叡尊らは戒律復興運動の担い手とされ、旧仏教改革派として理解されてきたからである。その結果、叡尊をいわば開祖とする叡尊教団の存在については等閑に付されてきた。しかし、叡尊、忍性らは、一三世紀半ば以来、先述した遁世僧として教団を形成しており、私見では、いわば、もう一つの鎌倉新仏教教団と考えられる。叡尊の時代には一五〇〇ヵ寺の末寺を有する、当時日本最大規模の教団であった。その発展の一つの契機となったのが、この叡尊の関東下向であり、以後、鎌倉幕府の後援も得るに至った。

叡尊は、嘉禎二年（一二三六）九月に戒律復興運動を始め、西大寺宝塔院《ほうとういん》（東塔）を拠点に教団を形成していった。一二四〇年には、忍性も叡尊教団に入った。

忍性は建長四年（一二五二）には、戒律布教を志し、関東へ向かった。八月一四日に鎌倉へ到着し、その後、鹿島《かしま》神宮（現・茨城県鹿嶋市）に向かい、一二月四日に常陸三村寺に到着した。以後、三村寺を拠点としていたが、弘長元年（一二六一）には鎌倉に入った。文永四年（一二六七）には、極楽寺住持となり、以後、極楽寺を拠点として救済活動を行った。忍性の活動は、大きく分けると社会救済活動と個人救済活動がある。社会救済活動としては、忍性らは、古代の行基《ぎょうき》（六六八〜七四九）をモデルとし、橋・道路・港の建設や修復、管理などを行った。その維持のために通行税を課すこともあった。

また、疫癘《えきれい》退散、蒙古退散、祈雨《きう》などのための祈禱にも従事した。文永六年（一二六九）八月の干魃《かんばつ》に際しては、忍性の祈禱によって降雨があったという。

とりわけ重要な活動は、ハンセン病患者の救済活動である。当時、患者たちは穢《けが》れた存在として忌避され、激しい差別にさらされていた。ハンセン病に罹《かか》ることによって、家族や村などの共同体から忌避され、「個」として生きることを強いられた存在であった。忍性らが、そうしたハンセン病患者たちにも救済の手を差し伸べたことは、日本仏教史上において画期的であった。忍性は、極楽寺内に「癩宿《らいしゅく》」というハンセン病患者らの治療と療養のための施設を造り、長期にわたる救済活動を行った。ハンセン病患者への厳しい差別は現代までも続き、その表れである「らい予防法」が廃止されたのが一九九六年であったことを考えれば、忍性らのハンセン病患者救済活動の重要性は言うまでもない。そうした利他活動によって、忍性は「生きている仏」と尊敬されたのである。

先の叡尊の関東滞在中に、新善光寺長老で当時の念仏の中心的な人物、道教房念空が叡尊に帰依するという重大事件が起こった。というのも、以後、次々に念仏の寺が律寺化していったからである。浄光明寺《じょうこうみょうじ》の性仙《しょうせん》も律僧となっている。戒律を重視した念仏僧たちが叡尊の弟子となるようなことが起きていた。

念空は、弘長二年（一二六二）七月一九日、叡尊に面会を求めた。もちろん、それは授戒を受けたいという思いからであった。弘安三年（一二八〇）に書かれた『授菩薩戒弟子交名《じゅぼさつかいでしきょうみょう》』という叡尊が直接授戒した、いわば直弟子名簿がある（拙著『日本中世の禅と律』に翻刻）。それに念空の名前が出てくるので、念空は叡尊から授戒を受けて直弟子となっていたことが確認できる。要するに、念仏集団が叡尊・忍性を中心とした新義律宗に流れ、念仏の寺が律寺化していった。先述した極楽寺の宗観房も、忍性に帰依し、極楽寺を忍性に譲っている。こうして、忍性は鎌倉の律僧と念仏連合の中心人物となっていったのである。以上のように、日蓮が伊豆に配流されている間に、念空が戒律を護持する念仏僧となったことに象徴される念仏僧の律僧化という変化が起こったのである。これこそ、日蓮が忍性を最大のライバルと見なすようになる理由であった。

また、忍性らの律宗は、江戸時代以降「真言律宗」と呼ばれるように、真言宗を兼学するものであった。それゆえ日蓮は、忍性らを真言僧としても捉えていた。

小松原法難

下総に隠棲《いんせい》していたと考えられる日蓮の足跡が明らかとなるのは、文永元年（一二六四）

のことであった。秋に、故郷にいた母が重病にかかったということを知った日蓮は、故郷の安房に戻ることにした。日蓮は花房《はなぶさ》（現・千葉県鴨川市）の蓮華寺《れんげじ》において文永元年九月二二日付で「当世念仏者無間地獄事《とうせいねんぶつしゃむげんじごくのこと》」を著している。蓮華寺には日蓮の支持者がいたのであろう。その後、故郷へ向かった。日蓮は、さっそく母の病気平癒を祈った。祈禱のおかげか、母の病気は治った。第一章で触れたように、日蓮は後に、祈禱で母の寿命を四年延ばしたと記している。短期間で鎌倉へ戻るつもりであったようだが、弟子や信者もでき、しばらく滞在した。

ところが、文永元年一一月一一日に、日蓮一行一〇人ばかりが、東条郷の松原《まつばら》というところで東条景信配下の念仏者数百人に襲撃される事件が起こった。小松原の法難である。午後五時頃で、夕闇《ゆうやみ》の中、日蓮らは襲われた。東条郷は、先年来の敵であった東条景信の領地であり、日蓮も警戒していたはずである。しかし、衆寡《しゅうか》敵せず、たちまち一人（鏡忍《きょうにん》房《ぼう》）が討ち取られ、二名が負傷した。日蓮自身左手を打ち折られ、眉間《みけん》に深手を負ったという。古い日蓮の木像（たとえば、池上本門寺《いけがみほんもんじ》祖師堂の日蓮像など）に眉間に傷が刻まれているものがあるのは、この時の傷跡を示しているとされる。幸いにも日蓮はこの襲撃から逃れられた。日蓮は、その場を脱して花房の蓮華寺に逃れた。蓮華寺には、日蓮が傷を洗ったという井戸がある。また、この小松原法難の地には現在は鏡忍寺《きょうにんじ》が建っている。殺された鏡忍房にちなんだ名という。

この襲撃事件から三日後の文永元年一一月一四日、蓮華寺にかつての師の道善房が訪ねてきた。道善房は負傷した日蓮を気遣って見舞ったのであろう。その時、日蓮は道善房と念仏信仰の是非について議論を行った（「善無畏三蔵抄《ぜんむいさんぞうしょう》」）。

道善房は、「私は智恵がないので、法会に招かれる望みもない。また、（論議の場では）私は老人できちんとした応答ができないので、名僧が相手に立つこともない。ただ世間に広まっているので、ただ南無阿弥陀仏と申すばかりである。また、心なくも阿弥陀仏を五体までも制作したが、これも前世からの習いであろう。この咎で地獄に落ちるであろうか」と言う。

日蓮は、かつての師で念仏信者である道善房に対して、念仏信仰の不可なることを説くことは、仲違《なかたが》いになるのではと考えた。しかし、それを述べないのは、師道善房への報恩にならないと思い、今生で最後の出会い、と思い切って以下のように述べた。

阿弥陀仏を五体制作したことによって、五度無間地獄に落ちるでしょう、と述べた。そのうえで、娑婆世界の人々にとって、親父である釈迦如来を蔑《ないがし》ろにし、叔父である阿弥陀仏を供養する罪深さを諭した。その時は道善房は納得しなかったが、後に『法華経』を受持するようになったと聞き、日蓮はやっと恩返しができたと述べている（「善無畏三蔵抄」）。

小松原法難後の日蓮

小松原法難を逃れた日蓮は、再度、下総国八幡荘の富木常忍邸に向かった。傷を癒やすためであった。文永元年（一二六四）末から、翌年にかけて、八幡荘に滞在した。中山法華経寺には、「双紙要文《そうしようもん》」「天台肝要文《てんだいかんようもん》」といった題の写本が所蔵されている。それらの成立年次については諸説あるが、中尾堯はこの八幡荘滞在時とする（中尾『日蓮』）。八幡荘滞在中も仏典研究に励んでいたのであろう。

文永三年（一二六六）一月六日には、「法華題目抄《ほけだいもくしょう》」と呼ばれる書を清澄寺で著している。一時的に、清澄寺に戻っていたのであろう。「法華経題目抄」によれば、日蓮は『法華経』の題目は八万聖教《はちまんしょうぎょう》の肝心、一切諸仏《いっさいしょぶつ》の眼目であり、『法華経』を全く理解できなくてもそれを唱えるだけで、ついには悟りの世界に入ることが可能とする。また、末法の時代における信心の重要性も論じている。信徒の日常における実践に際し、唱題を重視するようになっていった。

文永三年一月一一日には保田《ほた》（現・千葉県安房郡鋸南町）で「秋元殿御返事《あきもとどの》」を書いている。保田は、内房《うちぼう》の港であり、そこから海路を通って鎌倉へ戻ったのであろう。「秋元殿御返事」でも唱題を宣揚している点は注目される。

なお、文永六年（一二六九）頃に書かれた「十章抄《じっしょうしょう》」では、「この一念三千の観法《かんぼう》は智恵ある者の修行方法である。今の日本国の在家の者には、もっぱら南無妙法蓮華経（南無とは帰依するという意味）と唱えさせるべきである。名前は必ず本体に至る徳があるので、南無妙法蓮華経と唱えれば必ず法華経の功徳《くどく》を得ることができる」とあって、日蓮は、「南無妙法蓮華経」と唱える唱題は在家者が修すべき行で、他方、智恵ある修行者は、先述（五六頁）の「一念三千」の観法をするように、と区別していたことに注目しておこう。

法華独勝

日蓮は、伊豆配流などを経験するうち、『法華経』は釈迦が説かれた教えの中で、独り勝《すぐ》れていると認識するようになっていった。弘長三年（一二六三）に書かれたとされる「持《じ》妙法華問答抄《みょうほっけもんどうしょう》」では以下のように主張している。

家々には尊く勝れた親がおり、国々には高貴な方がいる。みなその人を貴《たっと》み、その親を崇める。とはいえ、どうして国王に勝るであろうか。ここに知ることができる。大乗・小乗・権教《ごんきょう》・実教の争いは家々の争いのようなもので、一代聖教の中では法華経だけが勝れている。これは、すみやかに仏の悟りを得ることができる教えであり、凡夫をただちに悟りを開く場所へ導く乗り物なのだ。

以前においては、真言なども重視していたが、法華独勝の主張をするようになっていったのである。それと対応するように、「南無妙法蓮華経」と唱えるだけで成仏できるとする唱題を宣揚するというようになっていった。

また、禅批判も行うようになっていく。弘長二年（一二六二）二月一〇日付の「教機時国《きょうきじこく》抄《しょう》」では

建仁年中から今に至る五十年余りの間に、大日房能忍《だいにちぼうのうにん》・仏陀が禅宗を広め、法然房源空《ほうねんぼうげんくう》（法然の僧としての正式な名）や隆寛《りゅうかん》らが浄土宗を興し、法華経はじめ実大乗《じつだいじょう》（真実の大乗）を誹謗して権経の宗旨を立て、禅宗では一切経を捨てて教外別伝《きょうげべつでん》を喧伝《けんでん》した。これを喩《たと》えて言えば、宝珠を捨てて石を取り、大地を離れて空に登るようなものだ。これらの人々は教法流布の先後を知らない者だ。仏は彼らのような者を誡《いまし》めて、「凶暴な象に害されるよりも、悪知識《あくちしき》（悪法・邪法を説く人）に値《あ》って生死の道を惑わされないようにせよ」と説かれている。

というように、法然らの浄土教のみならず、禅宗批判も行うようになっていった。教外別伝

とは、仏祖の悟りを文字や言葉によらないで直ちに心から心へ伝えることを意味する。

以上のように、日蓮は『法華経』の色読を通じて、法華独勝の立場に立つようになる。

元の国書到来と日蓮

一三世紀中頃、朝鮮半島の高麗《こうらい》を服属させた元《げん》のフビライ・ハンは、日本に対しても朝貢させ、国交を結ぼうとした。そこで、高麗を仲介として日本に使者を派遣した。これは、元が目標とした南宋《なんそう》攻略の一環といえる。元は、とりわけ、当時の日本の輸出品で、火薬の原料となる硫黄《いおう》が欲しかったと考えられている。また、安貞《あんてい》元年（一二二七）と弘長三年（一二六三）に、日本の武士の来寇《らいこう》禁止を求める高麗の使者が来日したことがあり、そのこともフビライの日本への使者派遣の理由の一つとされる。

文永三年（一二六六）、蒙古使者の黒的《こくてき》・殷弘《いんこう》、高麗使者の宋君斐《そうくんひ》・金賛《きんさん》らが巨済島《きょさいとう》まで至ったが、暴風を理由に引き揚げたのを第一回とし、以後、一二七三年趙良弼《ちょうりょうひつ》の再度の来日に至るまで、前後六回にわたる使者が派遣された。

文永五年（一二六八）正月、元のフビライの国書が、高麗の潘阜《はんぷ》を使者として大宰府《だざいふ》に到達した（第二回の遣使）。その内容は通好を求めるものであったが、日本が元の言うことに応じなければ、出兵の用意があるという威嚇《いかく》も込められていた。

元の国書の内容自体は、全面的な武力侵攻を予告したものではなく、平和的に解決する方途はあり得たと考えられる。しかし、幕府はこれを侵略の先触れとして受け取り、無視して回答を送らなかった。幕府は異国降伏《ごうぶく》の祈禱を寺社に命ずる一方、西国とくに九州の防備態勢を固めるなど、国内はにわかに緊張に包まれた。

元の国書到来の知らせは、閏正月頃には日蓮のもとにも届いた。後に日蓮を離れ忍性に帰依するようになるとはいえ、その頃は支援者であったと推測される名越の尼などを通じての情報であろう。蒙古国書の内容を知った権力者らは恐れおののいた。他方、日蓮は、これを『立正安国論』で述べた「他国侵逼難」(他国から侵略を受ける難)の予言の的中と考えた。

日蓮は(文永五年)四月五日付の「安国論御勘由来」の中で、「今年の閏正月、大蒙古国からくだんの国書が齎《もたら》された。日蓮が勘文で指摘したことが、少しも違《たが》わず符合した」と記している。ここでの勘文とは『立正安国論』のことである。日蓮は、自己の予言が的中したことを思い、蒙古襲来への危機感とともに、鎌倉幕府が日蓮の献策を受け入れさせる好機と考えた。

そのうえで、日蓮は『立正安国論』を浄書し、文永五年八月には北条時宗に提出しようとした。時宗は同年三月には執権となっていた。だが、それは無視されたようである。そこで日蓮は、九月に重ねて宿屋入道に書状を書いて無視せず回答するように求めている。

さらに、一〇月一一日に、日蓮は改めて書を宿屋入道に託して、北条時宗への取り次ぎを依頼した。その書において「要するに、諸仏・諸神への祈禱をやめ、諸宗の僧侶と日蓮との公場対決をもって、仏法の正邪を決せられたい」と述べている。

他宗批判

日蓮は、ほぼこれと同じ内容の手紙を、一〇月一一日付で、宿屋入道、平頼綱《たいらのよりつな》（北条時宗の側近）、北条弥源太《やげんた》（北条一門）、建長寺蘭渓道隆、寿福寺《じゅふくじ》、極楽寺忍性、大仏殿別当《だいぶつでん》（鎌倉大仏殿の統轄者）、浄光明寺、多宝寺《たほうじ》、長楽寺《ちょうらくじ》に送っている。時宗宛のものも含めて全部で一一通になるので、これらを「十一通の御書《ごしょ》」と称している。

もっとも、「十一通の御書」の真蹟遺文は残っておらず、近世に編纂・書写された京都の「本満寺本《ほんまんじ》」に収められているに過ぎない。それゆえ、偽撰説もあるが、宿屋入道への働きかけなどを見ても、日蓮がそうした書状を出したのは事実と考えられる。

蒙古襲来への日蓮の考えは、幕府が祈禱を依頼した建長寺蘭渓道隆、寿福寺、極楽寺忍性、大仏殿別当、浄光明寺、多宝寺、長楽寺の存在を否定するものであったゆえに、それらの寺々の僧侶たちからは、悪口として受け取られたと思われる。

建長寺と寿福寺は臨済禅であり、極楽寺と多宝寺は律宗（真言も兼ねる）、大仏殿別当と長楽寺（現在の鎌倉市内大町の安養院《あんよういん》の前身か）は念仏系、浄光明寺は律を中心とした禅・律・真言・天台の四宗兼学の寺院で、いずれも遁世僧の寺院であった。それゆえ、日蓮は、禅・律・念仏・真言を主に批判していたといえよう。

先述したように、日蓮自身は蒙古襲来を『立正安国論』で予言した「他国侵逼難」と考え、予言が的中すると考えていた。それゆえ、この国難に対応できるのは、自分しかいないと考えたのである。そこで、「十一通の御書」を書いたのだが、日蓮の献策は、幕府によって受け入れられることはなかった。

そうしたこともあってか、日蓮の他宗批判は、過激化していった。文応元年（一二六〇）の『立正安国論』では、真言などは正法の一つとされていたが、文永五年（一二六八）以降は法華独勝の立場から真言も激しく批判するようになっていく。

文永七年（一二七〇）頃の書状とされる「法門可被申様之事《ほうもんもうさるべきようのこと》」では「今の世における真言宗等の七宗の僧は、すべて謗法者《ほうぼうしゃ》であるから、彼らが大事の祈禱を行ったところでうまく行くとは思えない」と述べている。

こうした認識はさらにエスカレートし、「建長寺・寿福寺・極楽寺・大仏殿・長楽寺等の、一切の念仏者・禅僧等の寺や塔を焼き払って、彼らの頸《くび》を由比ヶ浜《ゆいはま》で斬《き》らなければ、日本国は必ず滅ぶだろう」（『撰時抄《せんじしょう》』）とまで言い切るようになっていた。

当初は、念仏が主敵であった日蓮であったが、後に禅も加わった。さらに、文永三年（一二六六）に鎌倉へ戻った日蓮の視野に、念仏者をも傘下《さんか》に入れた律宗の極楽寺忍性が入ってきた。

忍性への批判

日蓮の忍性批判に耳を傾けてみよう。次に引用するのは日蓮に仮託して日蓮の弟子が文永四年（一二六七）以降に作成したとされる『聖愚問答抄《しょうぐもんどうしょう》』の一部である。それゆえ、日蓮自身の忍性批判とはいえないかもしれないが、それによって日蓮とその門下の間で忍性がどのように見られていたかは窺える。

極楽寺良観上人（忍性）は、上は天皇から下は諸民に至るまで、生きている仏様と仰がれている。彼の行いを見るに実にそうである。飯嶋《いいじま》の津《つ》で六浦《むつら》の関米《せきまい》を取り、（それで）諸国の道を作り、七道に木戸を構えて人別に銭を取り、諸川に橋を架ける。慈悲は仏に等しく、徳行は先輩を超えている。あなたが早く生死を超越しようと思えば、五戒・二五〇戒を護持し、慈悲の心を深くし、生き物の命を殺さず、良観上人のように道を作り、橋を渡しなさい。これが第一の法である。あなたは戒を護持しますか。愚人はいよいよ手を合わせて曰《いわ》く、良く護持し奉らんと思う。（中略）今の律僧の振る舞いを見るに布絹・財宝を蓄え、金貸し業を営んでいる。それは教と行が既に矛盾しているではないか。誰がこれを信頼できよう。次に、道を作り橋を渡すことはかえって人の嘆きである。飯島の津で六浦の関米を取るのも諸人の嘆きが多い。諸国七道に木戸をたてる（銭を取る）のも旅人の煩《わずら》いである。それは眼前のことで、あなたは見ないことがあろうか。

内容の概要は、以下の通りである。極楽寺忍性は、将軍から庶民に至るまでの人々が生身の仏として仰ぎたてまつっている。しかし、その行いといえば、布・絹・財宝を蓄え、貸し金業を営んでおり、教えと行いが既に相違している。誰が忍性ら律僧のことを信頼できようか。また道を作り橋を渡すことも、飯嶋の津で六浦の関米を取ることも、人々の嘆き多く、諸国の七道に木戸を作ることは、これも旅人のわずらいである。

こうした批判のうち、「布・絹・財宝を蓄え、貸し金業を営んでおり、教えと行いが既に相違している」といった批判についてまず見てみよう。

中世の極楽寺などの律寺には、「浄地《じょうじ》」といった施設があり、それは人的な組織を有して年貢・米銭の運用など利銭活動を担当した（峰岸純夫「持犯文集《じぼんもんじゅう》紙背文書と極楽寺」）。浄地の浄というのは、禁律に対する適当、合法を意味する。すなわち、浄地とは、「残宿食戒」（今日得たる食はその日に食し、受けてより一夜を過ぎた食はすべて食することを禁ず）、「受蓄金銀銭戒」（金銭の蓄えを禁ずる）などによって僧尼が本来規制されていることを可能にするために生み出された便法といえる。忍性は、集まった寄付を慈善事業などに使うために、浄地を設置した。それは建前やスローガンではなく、忍性は実際、当時、誰も救済の手を差し伸べ

極楽寺の薬鉢。忍性が使用したと伝わる。

なかったハンセン病患者やその他の病者治療のための施設などを建設し、救済活動を行っていた。忍性は、ハンセン病患者救済活動を叡尊教団の活動に取り入れた中心人物であるが、彼のみならず叡尊教団は、畿内、鎌倉などで「癩宿」、薬湯風呂、療病院などを建設し、救済活動を恒常的、長期にわたって、かつ組織的に行っていた。こうした救済活動は、日本の仏教慈善救済活動史における輝かしい、画期的な活動であった（拙著『忍性』）。極楽寺には巨大な薬《くすり》鉢《ばち》が残されているが、毎日、大量の薬が調合されていたと考えられる。日蓮は、この忍性らによるハンセン病患者などの救済活動について全く指摘していないが、そうした救済活動には莫大《ばくだい》な資金が必要であった点を無視していたと

いえよう。

実際、仏教通史『元亨釈書《げんこうしゃくしょ》』によれば、忍性が建立した鎌倉桑ヶ谷《くわがやつ》の療病所では、二〇年間で、四万六八〇〇人が治療を受けたが、そのうち死者は一万四五〇人で、つまり五分の四の患者が治癒した。極楽寺の療養所ではハンセン病患者のみならず他の病者も治療を受けたので、その治癒者の多くはハンセン病患者以外であるにせよ、多数の病気に苦しむ人々を助けたのである。また、当時は重い皮膚疾患の患者もハンセン病患者とされたので、ハンセン病患者も治癒者の中にはいた可能性もある。それゆえ、忍性は、戒律に則《のっと》って、慈善救済事業のために、利銭活動を行っていたといえる。

次の批判点である、「道を作り、橋を渡すこと」以下について見てみよう。忍性の伝記『性公大徳譜《しょうこうだいとくふ》』によれば、架橋した橋は一八九所、作った道は七一所、掘った井戸は三三所、浴室・病屋・非人所（ハンセン病患者の療養施設）を五ヵ所作ったなどが記されている（拙著『忍性』）。

また、先の『聖愚問答抄』にあった「飯嶋の津」とは、和賀江津《わかえつ》（和賀江嶋）のことで、鎌倉の内港である。それに対して、「六浦」（現・神奈川県横浜市）は外港として栄えていた。鎌倉の海といえる前浜《まえはま》（由比ガ浜）は遠浅で大型船の着岸に適さず、鎌倉時代の初期は六浦の方に大型船は入っていた。それで、貞永《じょうえい》元年（一二三二）に念仏僧の往阿弥陀仏《おうあみだぶつ》を中心として和賀江津の港湾整備がなされ唐船《からふね》（中国の船）も着岸可能になったのである。現在の和賀江嶋は満潮時には潮に洗われて、昔日の繁栄した良港のおもかげはないが、干潮時には、唐船の着岸したとおぼしき跡が現れる。中世の和賀江津は、鎌倉中の港湾として中国からの舶来品（陶磁器、銅銭など）、材木などが陸揚げされ、市場が立つ商業地であった。この和賀江津の修築には北条氏が協力し、また、鎌倉時代末には極楽寺が管理し、関銭《せきせん》（通行税）を徴収していた（拙著『中世都市鎌倉の風景』）。

そうした港湾管理や橋・道路の建設と修理といった公共事業を当時の幕府や朝廷は遂行する能力がなかった。それゆえ、忍性ら律僧が、それらを慈善事業として行い、その費用を利用者から徴収していたのである。

しかも、そうした活動は鎌倉のみならず、叡尊教団の末寺が展開した全国にわたっており、主要な港湾の管理を叡尊教団の律僧が担っていた点に注意を喚起したい（拙著『鎌倉新仏教論と叡尊教団』）。後に南蛮貿易の拠点となった西表津《いりおもてのつ》（現・鹿児島県西之表市）を管理した慈音寺《じおんじ》、日宋貿易の拠点博多津《はかたのつ》（現・福岡県福岡市）を管理した大乗寺《だいじょうじ》、瀬戸内海貿易の拠点尾道津《おのみちのつ》（現・広島県尾道市）の浄土寺《じょうどじ》、伊勢湾貿易の拠点安濃津《あのつ》（現・三重県津市）の円明寺《えんみょうじ》などである。

日蓮の延暦寺観

また、天台宗に関しても考えが変化していった。日蓮は、文永六年（一二六九）三月一日に書かれたとされる「御輿振御書《みこしふりごしょ》」では、「印度《インド》の祇園精舎《ぎおんしょうじゃ》・鶏頭摩寺《けいずまじ》や中国の天台山は、正法時代・像法時代の二千年のうちに、その役割を終えて滅びた。正像の過ぎた今は末法の世であり、世界の中では日本の延暦寺だけが、その道場」だと述べて、延暦寺が末法において、インド・中国を含め、三千世界（仏教の世界観による全宇宙のこと）における唯一の正法の場と考えていた。

しかし、先述の「法門可被申様之事」では「比叡山延暦寺の正法が失われたからこそ、天魔が日本に出現し、法然や大日房能忍らの身中に入って、彼らを介して国王臣下の身に移り、さらには延暦寺三千の大衆《だいしゅ》（僧たち）に入ったがゆえに、延暦寺と檀越《だんおつ》とが不和となって祈禱も成就しないのである。効果のない祈禱であれば延暦寺の大衆は国から憑《たの》みとされることもなく捨てられてしまう」と述べている。

延暦寺の正法が失われたために、仏法を妨げる天魔が日本に出現し、延暦寺に念仏や禅が入り込み、混淆《こんこう》していると考えたのである。その結果、日蓮は、延暦寺を飛び越えて、直接、延暦寺の開祖最澄との結びつきを意識するようになった。

そのことは、文永三年（一二六六）正月六日付「法華経題目抄」で「根本大師《こんぽんだいし》門人」と署名していることなどに示されている。日蓮は最澄の門人を自任していた。ここで言う根本大師とは最澄のことを指す。

とはいっても、日蓮にとって延暦寺は特別な存在であった。先の「法門可被申様之事」では、

仏法が滅びるか否かは、ひとえに延暦寺にかかっている。延暦寺の正法が滅しているからこそ、異国が我が国を滅ぼそうとしているのである。

と述べている。

末法の世において残っている唯一の正法を維持する寺院であるのに、延暦寺は衰え、それが蒙古襲来などの根本原因となっているとの認識を有していた。それゆえ、延暦寺を再生させるのは、「根本大師門人」である自分しかいないと思い、日本国を捨てた善神を呼び戻し、安国を実現するために、延暦寺の復興を鎌倉幕府へ要求していた。

また、日蓮は最澄と桓武《かんむ》天皇との関係を仏法・王法のあるべき姿とし、その理想像に照らして、幕府の態度を批判していた。

文永五年（一二六八）四月五日付の「安国論御勘由来」において、延暦《えんりゃく》二一年（八〇二）

に高尾山《たかおさん》で行われた最澄と南都《なんと》（奈良）の碩学《せきがく》たちとの討論に言及している。桓武天皇は最澄が勝ったと判断し、最澄に帰依してこれを保護した。またそもそも、鎌倉幕府は清和《せいわ》天皇の末葉たる源頼朝によって開かれたが、清和天皇は延暦寺の恵亮《えりょう》和尚の法験《ほうげん》（仏法の利益《りやく》）のおかげで即位できた。そういう由緒をもつ鎌倉幕府が延暦寺に違背すれば、命脈が尽きるおそれがある。日蓮はそう主張するのだ。そのうえで、鎌倉幕府も桓武天皇の先例にならって、最澄の門人である日蓮に、最澄と同じ機会を与えるべきと述べている。幕府は仏法の正邪を正す公の場での法論の機会を設け、日蓮が勝利を収めた場合は日蓮に従うように求めた。

日蓮教団の成立

名越（松葉ヶ谷）の草庵に住む日蓮に門人も増えていった。文永六年（一二六九）一一月二八日付の「法華捨身念願抄《ほっけしゃしんねんがんしょう》」では、

『摩訶止観』の第五を正月一日から読んで、現世安穏後生善処の御祈請を行った。『摩訶止観』を何かのついでにいただきたい。本末が破損しているが、こちらで修理するつもりである。多くの本が必要なのでお願いする。大師講に銭五連《ぜにごれん》をいただいた。この大師講は三、四年前に始めたが、今年はこれまでで第一でした。

とあって、大師講を三、四年前（文永二、三年）に始めたことがわかる。大師講は、伝教大師（最澄）の忌日《きにち》（命日）の六月四日に行われる法会の可能性もあるが、この手紙の日付が一一月二八日であることから、天台宗の開祖智者大師智顗《ちしゃだいしちぎ》の忌日一一月二四日に行われる講《こう》会《え》のことと考えられる。文永六年に名越の草庵で開催した大師講が、これまでにない盛会であったと述べており、日蓮に賛同する信者も増えていったようである。この大師講は、日蓮教団の中心的な法会となっていった。

前述したように、『摩訶止観』は、智顗の代表作の一つで、最高の座禅と観法である止観（円頓《えんどん》止観）を究極的な真理把握の方法とする。日蓮は、最澄の門人という自覚から、中国天台宗の祖で、最澄が学んだ智顗の著作を重視したのであろう。

この時期の日蓮書状には、智顗の『摩訶止観』への言及が見られる。ほぼ同時期である文永七年（一二七〇）一二月二二日付の「上野殿母尼御前御書《こうずけどののははあまごぜんごしょ》」にも「止観第五之事。正月一日辰時《たつのとき》これをよみはじめ候。明年は世間怱々《そうそう》なるべきよし皆人申すあひだ、一向後生のために十五日まで止観を談ぜんとし候」とある。「明年は世間怱々」とは、蒙古襲来の恐れによる世間の混乱であろう。日蓮は、そうした不安に対し、「現世安穏後生善処」のため、『摩訶止観』を読んでいた。

日蓮と裁判

先の「十一通の御書」の提出に見られるように、日蓮の他宗批判はますます過激になっていった。その結果、日蓮は、おそらく鎌倉幕府へ訴え、法論を求めたようである。

文永六年（一二六九）頃に書かれた「十章抄」には

裁判のことは、日蓮の道理が強い（妥協しない）ので、決着することはなかろうと思いますが、人々は裁判は法門に合わず、（裁判で法論を決着させようなど日蓮は）ひどいことをしたものだと申すので、決着するとは思えません。裁判担当者が、少弼《しょうひつ》殿から平《たいらの》三郎《さぶろう》左衛門《ざえもんの》尉《じょう》へ移ったと聞きました。移ったことで、判決が延びるようであれば、それは良いことと心得ください。いつかは決着するでしょうが、決着しなければまた日蓮の申し立てに道理であると人々は思うでしょうから、悪いことではありません。

とあって、文永六年頃には日蓮は裁判に巻き込まれていたと考えられる。

少弼とは弾正《だんじょう》少弼の略で、律令制における警察業務を司《つかさど》る弾正台の官職の一つ。当時の引付衆《ひきつけしゅう》（評定衆《ひょうじょうしゅう》を補佐して訴訟を取り扱った）であった北条業時《なりとき》（一二四一～八七）に比定されている。業時は極楽寺の開基重時の子であり、日蓮に対して厳しい見方をしていたはずである。平三郎左衛門尉とは平頼綱のことと考えられている。北条得宗家の時宗・貞時《さだとき》の執権二代にわたり、被官として絶大なる権力をふるった。得宗家執事であるとともに、幕府侍所所司《しょし》であった。侍所所司とは、別当（当時は北条時宗）に次ぐ地位であった（森幸夫「北条氏と侍所」）。それゆえ、侍所管轄に裁判が移ったのであろう。

忍性らへの挑発

文永六年（一二六九）、八年は干魃の年であった。当然、鶴岡八幡宮《つるがおかはちまんぐう》、建長寺ほかで祈雨祈禱が行われ、さらに極楽寺忍性にも祈雨祈禱が依頼された。文永六年の干魃では、忍性の祈禱により降雨があったと考えられた（拙著『忍性』）。先述のように、忍性はハンセン病患者救済活動などによって「生きている仏」と尊敬されたが、祈雨祈禱も律僧忍性の名を高めたのであろう。

文永八年（一二七一）の干魃に際しても、建長寺・寿福寺・極楽寺・多宝寺・大仏殿・長楽寺・浄光明寺などで祈雨祈禱が行われた。とりわけ、極楽寺忍性は、念仏僧らを傘下に入れていたので、建長寺・寿福寺らの禅僧と並ぶ祈禱の中心人物と目されていた。

建治《けんじ》三年（一二七七）七月に書かれた「頼基《よりもと》陳状」によれば、文永八年六月一八日の干魃に際し、幕府から祈雨祈禱を頼まれた忍性に対し、日蓮は使者を遣わして、「七日のうちに雨が降れば、念仏無間という主張を捨て、良観上人の弟子となって二五〇戒を護持しよう。雨が降らなければ、忍性の持戒（戒律を護持すること）というのは馬鹿げたことであると明らかだ」と述べたという。

文永八年の干魃では、おそらく、雨は降らなかったのであろう。そのため、日蓮は、忍性のところに弟子を再三にわたって派遣し、次のように非難したようである。

近日は、旱魃のことによって諸寺において祈雨された時、日蓮は、弟子を良観上人のところに遣わして両三度すなわち申しました。今、御祈禱人と称して天台・真言・禅・律僧等、雨の御祈禱をなさるのに甚だ神慮に適《かな》っていません。国中の旱魃、東西の蛮人の興起することは他でもない、みんな禅・戒・念仏等の繁昌に拠るのです。それゆえ、建長寺・寿福寺・極楽寺・多宝寺・大仏殿・長楽寺・浄光明寺以下の諸寺の伽藍を焼き払い、および禅僧・律僧・念仏僧等の諸僧の頸を斬って由比ヶ浜に懸けた後で、雨は一天を潤し、徳の風によって四海《しかい》は静まるでしょうと。

日蓮は、日本国において干魃が起こり、東西の蛮人が興起するのは、他でもない、禅・

律・念仏の繁昌によるのだ。それゆえ、建長寺以下の諸《もろもろ》の伽藍を焼き払い、および禅僧・律僧・念仏僧等の諸僧の首を斬って由比ガ浜（由比ヶ浜）に懸けるならば、降雨があり、四海（天下）は静謐《せいひつ》となると言ったという。

引用したのは後述する「行敏《ぎょうびん》訴状」（文永八年提出）の一部である。本訴状は『日蓮遺文』には収録されていないために、これまで分析されてこなかったが、日蓮高弟の日興の「諸宗要文」（『日興上人全集』）に収録されている。

忍性ら日蓮を訴える

そうした批判に対して、日蓮を被告とする訴訟が起こされた。以下、訴訟の過程を少し見ておこう。

蒙古襲来の危機感の中で、「他国侵逼難」など自己の予言が当たったと考えた日蓮は、当時、鎌倉幕府に重用されていた建長寺蘭渓道隆、極楽寺忍性、大仏殿（浄光か）らを批判する手紙をおのおのに送りつけた。

それに対し、行敏が法論をしようと、まず次のような手紙（行敏の最初の難状）を文永八年（一二七一）七月八日付で送ってきた。

いまだお会いしたことはないが、ことのついでがあって申し上げるのは常の習いである。そもそも、噂《うわさ》によれば、あなたの立てられている義はまことに不審である。第一に、法華経以前に説かれたすべての諸経は、みな妄語であり、悟りを得る法ではないということ。第二に、大乗・小乗の戒律は世間を誑惑《きょうわく》して（欺き惑わして）悪道に堕《お》とし入れる法であるということ。第三に、念仏は無間地獄へ堕ちる業因であるということ。第四に、禅宗は天魔の説であって、もしこの教えを行ずる者は誤った考えを増長するということ。もしも本当ならば、あなたは仏法の怨敵《おんてき》である。よって対面を遂げて、あなたの誤った考えを論破したいと願っている。あるいはまた、そのような義が無いのであれば、どうして悪名を受けられているのか。痛ましいかぎりである。どうか是非について詳しく答えを示していただきたい。恐々謹言。

僧行敏在判

七月八日

日蓮阿闍梨《あじゃり》御房

それに対し、日蓮は、五日後の七月一三日付で「ご不審については、私的な問答を行っても埒《らち》があかないでしょう。したがって、あなたから幕府へ上奏し、仰せ下された指示に随い是非を糾明すべきでしょう」と答えている。

日蓮に法論を挑んだ行敏については、日興の「諸宗要文」には「行敏は乗蓮《じょうれん》なり。乗蓮は念阿《ねんあ》ミタカ弟子なり」とある。すなわち、行敏は乗蓮のことで、然阿《ねんあ》（念阿）良忠《りょうちゅう》の弟子であるという。日興は、文永二年（一二六五）頃には日蓮の弟子となり、駿河国（四十九院）にいたとされ（高木豊『日蓮』）、日蓮と密接に連絡をとりあっていたようだ。それゆえ、この指摘は信頼度が高い。

さらに、日蓮教学者の山川智応《やまかわちおう》は「浄土伝灯総系譜《じょうどでんとうそうけいふ》」（浄土門流の系譜を集大成した書）により乗蓮は南無房智慶《なむぼうちけい》の弟子に連なる者であり、智慶没後に良忠の弟子となったと推測している（山川『日蓮聖人伝十講』）。「浄土伝灯総系譜」によれば智慶は、鎌倉長楽寺の開山で、念仏僧である。先述のように、弘長二年（一二六二）以来は、忍性は鎌倉の念仏僧をも傘下に入れるようになっていた。それゆえ、「諸宗要文」所収の「行敏訴状」では「律宗僧行敏」とあるように、行敏も忍性の傘下となって動いていた。

「行敏訴状」とは

そうした日蓮の返事を受けて、悪口の咎により日蓮を訴え、幕府（おそらく、刑事事件を扱う侍所）に出されたのが、先に一部引用した「行敏訴状」であった。

これまで、この「行敏訴状」は、その存在は一部にしか知られておらず、日蓮伝の分析に使用されることはなかった。そのため、忍性の代理人である行敏は幕府に訴えて、日蓮の斬《ざん》首《しゅ》を求めたとする日蓮側の主張に基づいて、忍性が訴状で日蓮の斬首を求めたかのように、根拠もなく論じられてきた。そして、もっぱら日蓮の「行敏訴状御会通」によって、「行敏訴状」の内容が分析されてきた。しかし、「行敏訴状御会通」は、日蓮の目を通したもので、日蓮の解釈によって正確にその内容が伝わっているとは言いがたい。それゆえ、長くなるが「行敏訴状」を引用し、分析しよう。

律宗僧行敏が謹んで言上《ごんじょう》いたします。早く日蓮を召し決せられて、邪見（間違った考え）を粉々に砕き正義を栄えさせんと欲すること。

副《そ》え進める、一通　行敏書状案。一通　日蓮返状。

右、八万四千の教は教として出離の教（悟りをめざすこと）でないものはありません。大小顕密の法は法として解脱《げだつ》のための法でないものはありません。譬えて言えば、葛氏《くすし》（医者）の一百の方法は病気によって薬を施し、石匠は石の長短、材は物によって器を成すようなものです。一つばかりを是とし他の諸々を非とする理は、どうして正しいでしょうか。にもかかわらず、日蓮はひとえに『法華経』だけに執着し、他の大乗経を誹謗しています。いわゆる『法華経』以前の諸経はすべて妄語であって決して衆生出離の法ではないと。念仏は是れ無間地獄の業であり、禅宗はすなわち天魔波旬《てんまはじゅん》（人の命や善根を絶つ悪魔）の説であり、大小の戒律は世間を誑惑する法と言う。それゆえ、無智の道俗、頑愚の男女は日蓮を仰いで信受し、伏して頂戴《ちょうだい》し、あるいは年来の本尊である阿弥陀・観音等の像を火に入れ水に流し、あるいは多日薫修の念仏・斎戒等の法を唇を反《かえ》して毀謗《きほう》しています。逆悪のあまりに『法華経』を守護すると号して兵杖《ひょうじょう》（武器）を家内に貯え凶徒を室中に集めています。これらの所行は、去る弘長流罪の日に既に露顕している上、当時は殊に興盛です。幸いにして哀憐《あいれん》を蒙り、許されましたら、すべからく前非を悔いておとなしくすべきのところ、邪見の幢《はた》（旗）はいよいよ高く掲げ、悪行の計らいはますます盛んです。

近日は、旱魃のことによって諸寺において祈雨された時、日蓮は、弟子を良観上人のところに遣わして両三度すなわち申して言いました。今、御祈禱人と称して天台・真言・禅・律僧等、雨の御祈禱をなさるのに甚だ神慮に適っていません。国中の旱魃、東西の夷戎《えびす》の興起することは他でもない、みんな禅・戒・念仏等の繁昌に拠るのだ。それゆえ、建長寺・寿福寺・極楽寺・多宝寺・大仏殿・長楽寺・浄光明寺以下の諸寺の伽藍を焼き払い、および禅僧・律僧・念仏僧等の諸僧の頸を斬って由比ヶ浜に懸けた後で、雨は一天を潤し、徳の風によって四海は静まるであろうと。

彼の弟子ら、同じく処々の温室（風呂）・堂社・見物等の所において悪言を吐くことは数えきれません。これらの伽藍はかたじけなくも関東鎮護の霊場であり、仰崇は他に異なっています。（中略）彼の僧侶はまた当世英俊の高僧で、帰依は誠です。戒律を厳格に護持し、その恵みは人々に及んでいます。それなのに、寺を灰燼《かいじん》の地と成し、僧を斬刑に処そうとすることは、下愚な者はなおもって愁憤を懐き、上聞はどうして痛ましく思し召さないことがありましょう。仏陀の滅後百年頃に出現した摩訶提婆《まかだいば》が異論を説いて仏教教団の分裂を起こしたことがあったが、寺院を焼くことはありませんでした。逆臣である物部守屋《もののべのもりや》は仏法を一時に滅しましたが、必ずしも僧の頸を斬りませんでした。日蓮の企みに至っては上古に全く比類のないことです。末代どうして、それに並ぶ輩《やから》がいるでしょうか。ただ一身の悪見だけではなく、あまねく万人の謬誤《びゅうご》です。これによって、行敏は悲哀に堪えず、今月八日に状を遣わして問いました。四ヶ条の事〈副えている書状を見てください〉、事がもし実であれば仏法の怨敵であります。

この訴状によれば、四点が問題とされ、種々の悪口、ことに建長寺、極楽寺などの「寺を灰燼の地と成し、僧を斬刑に処そうとする」点が問題視されている。

日蓮の反論

対する日蓮側の主張（反論）は「行敏訴状御会通」によってわかる。行敏の主張は大きく四点に絞られる。第一に、日蓮は『法華経』のみが正法で他の爾前経《にぜんきょう》は謗法であるとし、念仏宗・禅宗・律宗等に悪口の限りを尽くしているという点。これに対し、それは日蓮だけの自義ではなく、道理や経文に照らして明白なことであって悪口ではないと反論している。

第二に、日蓮に同調する信徒が、従来崇敬の弥陀や観音を焼いたり水に流したりし、また念仏持戒を毀謗しているという点。これに対しては門弟がそのようなことをしたと言うなら確かな証人を示すべきで、それができぬならそれは忍性が日蓮門下を陥れるための狂言であろうとして、この件の徹底解明を求めている。

第三に、日蓮らは法華守護と称して家に武器をもち込み、凶徒をかこっているという点。これに対しては、そもそも凶徒とは何をもって言うのか、『勧持品《かんじほん》』によれば邪教をもって民衆を陥れる忍性等を第三類の凶徒といい、彼らの住居を悪所というのであるとする。さらに兵仗を蓄えることについては、法華経守護のために武器をもつことは『涅槃経《ねはんきょう》』等に許されていることであると反駁《はんばく》し、実際に凶徒によって被害を受けているのは当方であって、それは忍性等の策謀であるとしている。

第四は、近日旱魃に際し諸寺において祈雨を行っていたところ、日蓮は忍性のところへ再三にわたって弟子を遣わし、「諸寺の祈雨は邪法の故に叶わぬ。よって謗法の諸寺を焼き払い、諸僧の頸を斬って由比ヶ浜に懸ければ祈雨も叶い四海も静謐になるであろう」との悪口を吐いたという点。これに対しての日蓮の反論は全く見られない。おそらく、そうした非難を述べたのであろう。以上の四点が日蓮対他宗派の論点であったようである。

第一点や第二点については、日蓮の反論はひとまず説得力がある。また、第三点から日蓮は法華経守護のために武器を蓄えていたことがわかる。延暦寺に僧兵が多数いたように、当時の寺院に武装した僧がいるのは普通のことであった。ただ、行敏が所属した律寺は、不殺生戒などにより武器を蓄えることは禁止されていた。それゆえ、行敏らは問題視したのであろうが、おそらく、幕府としてはさほど問題視しなかったであろう。

結局、日蓮が反論しなかった第四点目の建長寺や極楽寺といった「諸寺を焼き払い、諸僧の頸を斬って由比ヶ浜に懸け」などといった点こそが最も重要な悪口の咎の訴因となったと考えられる。おそらく、そういう事実があったと考えられるからだ。

日蓮の確信と忍性の願い

というのも、建治元年（一二七五）に書かれたとされる『撰時抄』でも、同様のことを臆《おく》することなく述べているからである。

去る文永八年（一二七一）九月十二日申《さる》の時に、平左衛門尉（頼綱）に向かって、日蓮は日本国の棟梁《とうりょう》である、私を失うのは、日本国の柱橦《はしら》を倒すことである、まもなく自界叛逆難として同士討ちが起こり、他国侵逼難としてこの国の人々が他国に打ち殺されるのみならず、多くが生け捕りにされるだろう、建長寺・寿福寺・極楽寺・大仏殿・長楽寺などの、一切の念仏者・禅僧等の寺や塔を焼き払って、彼らの頸を由比ヶ浜で斬らなければ、日本国は必ず滅びるだろうと申し上げた。

引用部分は、日蓮が悪口の咎により佐渡配流が決まり、捕縛に来た侍所所司平頼綱の前で日蓮が述べた部分である。日蓮は誤解を正そうとするどころか、念仏者・禅僧らの寺塔を焼き払い、彼らの首を斬らなければ日本国は必ず滅ぶであろうと申した、という。日蓮は死を恐れず、自説の正しさを確信していたからである。

もちろん、日蓮がそうした過激な措置の実行を求めていたかは不明である。『立正安国論』の第八問答で、客が「謗法者を殺害しろと言うのですか。その方が重罪ではないか」と問うた際、主人は、実際には謗法者に対して布施をやめることだと述べたように、建長寺、極楽寺らに対する布施をやめろという意味であった可能性はある。しかし、日蓮が弘安元年（一二七八）に再治《さいじ》（再考して修正）したとされる『立正安国論広本《こうほん》』では、その部分は「邪見の仏弟子は速やかに重科に処すべし」とあり、厳しく処罰すべきと考え直していたようである。

日蓮の論理においては、日蓮の正しい考えを受け入れず、佐渡へ配流されたことを法難とするが、以上の侍所の審議過程などを考えれば、それまで鎌倉幕府の祈禱を担ってきた蘭渓道隆、忍性、良忠らの側からは「悪口」であり、幕府も忍性らの主張を認めたことがわかる。

従来、日蓮と行敏との侍所での訴訟は形式的なものであったと考えられてきたが、「行敏訴状」などを見れば、きちんとした手続きを踏んだものであった。当時は、原告、被告から訴状とそれに対する反論（陳状という）をやり取りすること（「訴陳を番《つが》える」という）がなされたが、日蓮と行敏の訴訟においても、それは行われていた。そのうえで、侍所は、悪口の咎として裁定し、日蓮は佐渡へ配流されたのである。

一方、訴人の側であった忍性は翌文永九年（一二七二）に一〇種の誓願を書いている。ここでは、そのうちの第八願が注目される。

われに怨害をなし、毀謗を致す人にも、善友の思いをなし、済度《さいど》の方便とすること一〇種の誓願が書かれたのが、日蓮との訴訟の翌年であることを考え合わせると、この第八願が対象とする「われに怨害をなし、毀謗を致す人」とは、日蓮が念頭にあったと推測される。忍性は、毀謗を致す日蓮を善友と思って、救済しようと考えていたのである。それゆえ、戒律護持で知られた忍性は日蓮を殺害してほしいなどとは考えていなかったし、佐渡配流から早期に許されることを望んでいたとも考えられる。

第四章　佐渡への配流

文永八年の法難

繰り返しになるが、日蓮は、文永八年（一二七一）に佐渡へ配流された。同年七月八日に行敏より法論を挑まれ、ついで行敏に訴えられた。日蓮は鎌倉幕府によって同年九月一〇日に侍所に召喚され、そこで所司であった平頼綱に尋問されたが、弁明しなかった。さらに、一二日に侍所から武士が日蓮を逮捕すべく彼の草庵へ派遣された際には、捕縛に来た平頼綱に、建長寺・寿福寺・極楽寺・大仏殿・長楽寺等の念仏者・禅僧らの寺塔を焼き払い、彼らの首を斬らなければ日本国は必ず滅ぶであろうと言った。

日蓮の自伝ともいえる「種種御振舞御書《しゅじゅおふるまいごしょ》」（建治二年〔一二七六〕の成立か）には、九月一二日の逮捕時のことを以下のように伝えている。

侍所所司の平左衛門尉頼綱を大将として、数百人の兵士に鎧《よろい》を着せ、烏帽子《えぼし》をつけさせて押し寄せ、眼《まなこ》を怒らし、声を荒らげ、日蓮を逮捕した。（中略）その時、平左衛門尉頼綱の第一の家臣である少輔房《しょうぼう》という者が走り寄り、日蓮が懐に入れていた法華経の第五巻を抜き取り、日蓮の顔を三度打ち、それを破り散らした。残りの九巻の法華経も兵士どもが引き散らし、足で踏み、あるいは身にまとい、板敷・畳など家の中全体にまき散らかした。

武装した多くの武士による大がかりな逮捕劇という。少々おおげさな表現ではあるが、それは、先述のように、日蓮らが武器を蓄えていたからでもあろう。

平頼綱の配下の少輔房が日蓮の懐から『法華経』の第五巻を取り出し、日蓮の顔を三度叩《たた》き、それを破り散らした。残りの九巻も他の武士によって破砕されたという。『法華経』の第五巻には「勧持品」があり、末法において『法華経』を広める者が弾圧されることが書かれているが、日蓮はそれを体験したのである。

佐渡への配流ということで、身柄は守護であった大仏宣時《おさらぎのぶとき》に預けられ、守護代（守護の代官）の本間《ほんま》六郎左衛門尉重連《しげつら》の依智《えち》（現・神奈川県厚木市）の館に向かうことになった。そこで日蓮を逮捕した武士らは夜半に本間邸へ向かった。

ところが、先の「種種御振舞御書」によれば、鎌倉の西の境界にあたる片瀬《かたせ》の竜ノ口刑場で、日蓮は首を切られそうになった。まさに武士が首を切ろうとしたその時、突然、江ノ島《えのしま》の方から「光り物」（光る球のようなもの）が出現し、それに驚いた武士らは殺すのを諦《あきら》めたという。竜ノ口刑場跡とされるところには現在、日蓮宗龍口寺《りゅうこうじ》（現・神奈川県藤沢市）が建てられている。

この光り物出現の話については、荒唐無稽《こうとうむけい》な話とする説もあるが、流星とする説もある。おそらく、日蓮自身は、それを「見た」のであろう。

ただ、日蓮が殺されなかったのは、光り物を見た武士が驚いた結果ではないと、私は考えている。これまで指摘されてこなかったが、江ノ島一帯まで管轄下においていた極楽寺忍性らが、配流されるべき日蓮を斬首しようとする武士の暴走を知り、それを制止した結果と考えられる。戒律とりわけ不殺生戒を護持する忍性らは、自己の訴えで配流の刑に処された日蓮が不当に殺害されるのは許せなかったはずだからである。不殺生戒では、自分で手を下すのはもちろんのこと、他者を使っての殺害も禁止されている。

さらに、『本朝高僧伝』によれば、忍性は日蓮の罪を許すように幕府に願ったとある。その論拠を確かめることはできないが、何らかの史料があったのではないか。

実際、建治三年（一二七七）七月に出された「頼基陳状」には「死罪をやめて佐渡の島まで遠流《おんる》せられたのは、良観上人の所行でしょう」とある。「頼基陳状」は、日蓮の信者である四条頼基が、主君（江馬親時《えまちかとき》）から下文《くだしぶみ》によって日蓮信仰について問いただされたことに対し、頼基に成り代わって日蓮が陳弁したものであるとされるので、日蓮が死罪にならなかった背景に忍性の動きがあったことを知っていた可能性はある。

そもそも、これまで、「頼基陳状」や『本朝高僧伝』の記事は無視されてきた。先述のように、「われに怨害をなし、毀謗を致す人にも、善友の思いをなし、済度の方便とすること」と誓っていた忍性には日蓮を殺害しようなどという気は全くなかったはずである。他方、かつて東条景信らによって襲撃され、弟子を殺された日蓮は、自分は殺されると思い込んでいたと思われる。

この佐渡流罪については、法難とされる。確かに日蓮（宗門）側からは法難であろうが、幕府の立場からは、正当な手続きを踏んだ裁判に基づく、悪口《あっこう》の咎《とが》による流罪であった。

教団の離散と改宗者の出現

日蓮の布教活動、とりわけ蒙古襲来の予言が「当たった」とする宣伝もあって、鎌倉を中心に信者は増えていっていた。しかし、日蓮が逮捕されると、さっそく鎌倉の市中では日蓮教団に対する弾圧が行われた。先述のように日蓮に与同して、悪口を言う者がいたことが、その理由の一つであろう。日朗をはじめとする門弟五人が逮捕され、土牢《つちろう》に入れられている。鎌倉市内長谷《はせ》の光則寺には、日朗が閉じ込められたという土牢が残されている。

また、在家の信者、とりわけ武士クラスの信者の中には、所領を没収された者もいた。

故人は、『法華経』のために命を捨てられました。わずかの身命を支える所領を『法華経』のゆえに没収されたのは、命を捨てたのと同じです。

引用したのは、建治元年（一二七五）五月一日付の「妙一尼御前御消息《みょういちあまごぜんごしょうそく》」である。妙一尼御前の夫は、日蓮の佐渡配流の際に所領を奪われたと考えられている。

また、先述のように、日蓮信者の中でも名越の尼のような、鎌倉幕府の有力者の夫人もいたが、彼女らにとって日蓮の逮捕は大きな衝撃で、日蓮を捨てて改宗する有力な信者も出た。

日蓮の弟子に、少輔房という者や、能登房《のとぼう》という者や名越の尼といった者たちは、欲が深く、心は臆病で、愚痴でありながら自分では智者であると名乗るような輩だったので、法難が起きた時には便りを得て、多くの人々を説き落としたものである。

引用史料は、五月十五日付で南条時光《なんじょうときみつ》に宛てた日蓮の返書（「上野殿御返事《うえのどのごへんじ》」という）で、年号は建治三年（一二七七）と考えられている。

少輔房、能登房、名越の尼というのは、書状の内容から武士クラスの人々と考えられ、とくに名越の尼は名越氏の出身ではないかと考えられてきた。確かに、次のような注目すべき史料がある。

添下郡《そうのしも》小泉庄《こいずみのしょう》、五・六両条の四・五・六・七、合わせて四ヶ里内十町四段半廿四歩

所当米、四十六石六斗七升三合　彼の庄升定め

弘安十年三月日諸方の用途をもって五百貫文でこれを買い取る

（裏書二）

二百貫文は阿智大河原代銭である。

このうち百貫文は、六波羅殿武蔵守時村《ときむら》が施入した。

百貫文は名越殿の禅尼が施入した。

七十貫文は泉国近木一町代高野円尭房が施入した。

三十貫文は西室御影毎日の御供料で、施主は尼妙法房

引用したのは、奈良西大寺に寄付された土地を書き上げた『西大寺田園目録』の一部である。それによれば、大和国《やまとのくに》添下郡小泉庄（現・奈良県大和郡山市小泉町）内の「五・六両条の四・五・六・七、合わせて四ヶ里内十町四段半廿四歩」を弘安一〇年（一二八七）三月に諸方から集めた資金五百貫文で買い取ったことを示している。その資金の内訳が裏書きに記されているが、百貫文を寄付した人物として「名越殿の禅尼」が挙がっている。同じく百貫を

寄付した北条時村の次に記されていることからも、おそらく名越氏の一族の尼であろう。とすれば、この人物と先の「上野殿御返事」に現れる名越の尼が同一人物である可能性は高い。「上野殿御返事」で触れる日蓮弟子から改宗した人々のうちの名越の尼は、西大寺の末寺であった極楽寺忍性の弟子となったのであろう。

ただ、名越の尼が改宗したのが建治三年（一二七七）以前のいつかは明確ではないが、文永八年（一二七一）の法難の時の可能性はある。忍性と日蓮は同一の信者の獲得競争をしていたのである。少輔房と能登房は、他の『日蓮遺文』においても、かつて弟子であったが、日蓮の元を離れた人物とされる。「法門可被申様之事《ほうもんもうさるべきようのこと》」によれば、少輔房は文永六年に死去したとされており、文永八年の法難によって改宗したのではない（先に引用した「種種御振舞御書」中の少輔房とは別人物である）。能登房も法難以前の改宗なのかもしれない。

とにかく、この文永八年の法難によって「鎌倉においても私が御勘気にあった時に、千人のうちの九百九十九人が退転しました」（「新尼御前御返事《にいあまごぜんごへんじ》」）と日蓮が述べるほどの信者が改宗し、日蓮教団から離脱したのである。

塚原三昧堂での暮らし

日蓮は、配流先の佐渡へ出発するまでの約一ヵ月間、依智の本間重連邸に滞在し、文永八年（一二七二）一〇月一〇日に依智を発《た》って佐渡へ向かった。その前日の九日に、縦五三・六センチ、横三三・六センチほどの大型の料紙に、「南無妙法蓮華経」の題目などを書いて、弟子に渡している。筆でなく楊《やなぎ》の枝で書いた「楊子《ようじ》の本尊」と呼ばれるもので、京都立本寺《りゅうほんじ》に伝来している。中央に南無妙法蓮華経と題目を記し、その下に日蓮の署名と花押《かおう》が据えられ、両脇《りょうわき》には不動明王と愛染明王の梵字が書かれている。後に佐渡で書かれた「曼荼羅《まんだら》本尊《ほんぞん》」とは違い、極めてシンプルである。前途不安な中での形見として弟子に渡したのであろうか。「楊子の本尊」は、日蓮の佐渡に渡る前の思いを偲《しの》ばせるものである。

日蓮が佐渡に到着したのは、文永八年（一二七一）一〇月二八日であった。五〇歳の時である。上陸地は松ケ崎《まつがさき》（現・新潟県佐渡市松ケ崎）と伝えられている。そこから配所の塚原《つかはら》の三昧堂《さんまいどう》に向かい、一一月一日に到着した。そこは、佐渡の本間重連邸の後ろで、重連の館とは至近にあった。

建治元年（一二七五）に記された「法蓮鈔《ほうれんしょう》」には、以下のように鎌倉から塚原三昧堂への道行きと三昧堂のありさまが活写されている。

> ことに今度の御咎めには、死罪に処されるはずであったが、いかが思われたのであろうか、佐渡の国に配流された。佐渡へ向かう者は死ぬ者が多く、生きて到着する者は希《まれ》で

根本寺にある現在の三昧堂。『開目抄』が執筆された塚原三昧堂の跡は戒壇塚となっている。根本寺提供。

ある。やっとのことで到着したので、殺害謀反の者よりもなお重罪者のように思われた。鎌倉を出てから日々強敵が重なるようである。ありとあらゆる人は念仏を称える者である。野を行き山を行くにも、崖《がけ》や平場の草木が風にそよぐ音も、敵が我を責めるかと思えた。

ようやく佐渡に着いた。北国の習いで、冬はことに風が激しく吹き、雪が深い。着物は薄く、食事は乏しい。橘《たちばな》は淮南《わいなん》では橘になり、淮北《わいほく》では枳《からたち》になるというが、自分の身に実感された。家は尾花や苅萱《かるかや》が生い茂る野中の墓所にあり、落ち破れた草堂の上は雨漏りし、壁は風が吹き抜ける。昼夜に耳に聞こえるものは、枕を凍らせる風の音で、朝な夕な眼に映るものは遠く近くの路を埋める雪である。生きながらにして餓鬼道《がきどう》を経て、八寒《はっかん》地獄に堕ちたように思える。

塚原三昧堂の文字通りのあばら屋暮らしが彷彿《ほうふつ》とされる。温暖な安房出身の日蓮には、北国の佐渡の囚人暮らしはこたえたことであろう。とはいえ、そういう中でも、日蓮のひたむきな信仰生活に同調者が現れた。阿仏房《あぶつぼう》と千日尼《せんにちに》の夫妻、国府入道《こう》夫妻らで、日蓮の生活を支えたのである。阿仏房は、承久の乱によって順徳院《じゅんとく》が佐渡に配流された際に、随行して佐渡に来たと伝えられている。佐渡国府《こくふ》近くに住んでいたらしい。なお、国府というのは、律令国家が地方に設置した行政機関である。そこで勤務した官人は在庁官人と呼ばれた。阿仏房・千日尼夫妻は、日蓮に帰依し、妨害にもめげずに、食料などを差し入れするようになった。弘安元年（一二七八）七月二八日付の千日尼宛の手紙で日蓮は、次のように記して、佐渡滞在中の好誼《こうぎ》に感謝している。

地頭という地頭や念仏者という念仏者が、日蓮の庵室を昼夜に立ち添い、通い来る人々があれば、妨害するような状況であったが、阿仏房に櫃《ひつ》を背負わせて、夜中にたびたび来られたことは、いつの世にも忘れられないでしょう。ただ我が悲母が佐渡の国へ生まれ変わったのではないか、と思われました。

阿仏房夫妻は、赦免後、身延に入った日蓮に、折にふれて一貫文、一貫五〇〇文といった銭を送っている。阿仏房は、在地の有力者で、国府の在庁官人であったと考えられている。

また、国府入道夫妻も日蓮の信者であった。国府入道は、佐渡国府に住し、妻の是日尼《ぜにちに》や阿仏房夫妻とともに、流罪の身であった日蓮を支援した。日蓮赦免後も、日蓮に食料を送るなど支援し、少なくとも二度は身延に登っている。入道夫妻には子供が無かったようで、弘安元年（一二七八）七月には阿仏房とともに身延を目指したが、稲刈りの時期にかかってしまい、子供に任せることができる阿仏房と違い、子無きゆえに途中で引き返した、という。国府入道は、農業経営に従事していた有力者で、阿仏房と同じく在庁官人といわれている。

日蓮は、配流期間中に、そうした信者集団を形成して支援を受けつつ、著作活動に邁進した。佐渡に住むこと三年、文永一一年（一二七四）二月一一日に罪を許され、三月二六日には鎌倉へ戻った。佐渡配流の期間は、五〇歳を超える日蓮晩年の時期にあたるが、代表作とされる『開目抄《かいもくしょう》』（文永九年二月）、『観心本尊抄《かんじんほんぞんしょう》』（文永一〇年四月）といった長文の著作を書いて、自己の思想を深めていった。

『開目抄』の世界

一般的には、『立正安国論』が有名であるが、宗教思想の深まりという点では、『開目抄』『観心本尊抄』の方が中心と言わざるを得ない。いずれも配流地の佐渡から、はるか遠くの門人たちを指導するために書かれた。両者はセットとして位置づけられ、『開目抄』は人開《にんかい》顕《けん》、『観心本尊抄』は法開顕《ほうかいけん》と称される。人開顕とは法華経の行者としての日蓮の立場を表明したものである。法開顕というのは、『法華経』の真理を開示したものである。人開顕、法開顕という分類は、両書の性格を的確に捉えている。ただ、最初から、そういう意図のもとに書かれたわけではないと考えられている。まず、『開目抄』から見ておこう。

『開目抄』は、塚原三昧堂で、文永八年（一二七一）一一月に執筆が開始され、翌年二月に書き上げられた。周囲を敵に囲まれ、飢えと寒さに苛《さいな》まれながらの執筆であった。『開目抄』は日蓮の著作中で最も大部なものであり、日蓮の代表作である。真筆本は身延山に伝来していたが、明治八年（一八七五）の火災で焼失した。

『開目抄』には、日蓮の竜ノ口での体験を経て得た信仰への確信が述べられている。と同時に、本書は日蓮にとって門弟に対する遺言でもあった。

日蓮という者は、去年の九月十二日の子丑《ねうし》の刻（午前一時頃）に頸を刎《は》ねられた。この開目抄は日蓮の魂魄《こんぱく》が佐渡の国に至って、次の年の二月に雪の中で著し、縁ある弟子たちへ送ったので、恐ろしくて懐かしく、見る者はみな驚きおびえるだろう。本書は、釈迦・多宝《たほう》・十方分身《じっぽうふんじん》の諸仏が未来の日本国、および今の末法の世が映し出された明鏡である。日蓮の形見とも考えよ。

竜ノ口の法難によって、一度、死んだと確信した日蓮は、『開目抄』をもって形見として門弟らに残そうとしたのである。

『開目抄』は、まず「一切衆生《いっさいしゅじょう》が尊重すべきものが三つあり、いわゆる主・師・親である。また、習学すべき教えが三つある。それは儒教と外道《げどう》と内道《ないどう》たる仏教である」とする。それから、儒教、外道（インドにおける仏教以外の教え）、内道たる仏教の順で話題は進むが、仏教の箇所が膨らんでいく。その中で、『法華経』が独勝であることを説き、法華経の行者としての実践へと話は展開する。そこで、『法華経』の内容を考えると、日蓮の有り様は法華経の行者として恥じないものなのに、なぜ諸仏・菩薩・神の加護がなく、このような苦難に陥るのかという問いを発する。その理由を前世に『法華経』を誹謗した悪業に求めてゆく。そのうえで、ますます『法華経』への信仰を強くしてゆく。そして、「私は日本国の柱となろう。私は日本国の眼目となろう。私は日本国の大船となろう。そのように誓った大願を破ることは決してない」という大願が記される。最後に、「私の流罪は、ただ現世で受けるわずかな苦に過ぎないから、何ら嘆くようなことではない。むしろ、過去の罪障を滅し、未来で大楽を受けることは間違いないのだから、まことに悦ばしい限りだ」で終わっている。

『法華経』の中心思想とは

先述のように、『開目抄』の前半部は、儒教・外道・内道（仏教）のうちで、内道が最も勝《すぐ》れているが、とりわけ『法華経』が独勝だとする。

天台の教学では、『法華経』以外の仏教の諸経・諸説をすべて「爾前《にぜん》の教え」と一括する。爾前とは、一般的な用法では「その前、以前」の意味である。先述した天台の教相判釈では、釈尊の一生において、最後の八年間に根本真理である『法華経』（および『涅槃経《ねはんきょう》』）を説いたとされ、「爾前の教え」とはそれ以前に説かれた教えを指し、根本真理ではない方便の教えとする。さらに、『法華経』も、前半（迹門《しゃくもん》）と後半（本門）に分けられる。つまり、仏陀の教えは、爾前、迹門、本門の順で深化したとする。

爾前に対して、『法華経』の迹門が勝れている点は、一乗説にあるとされる。すなわち、声聞《しょうもん》、縁覚《えんがく》、菩薩のうち、小乗である（他者の救済を目指さない）声聞、縁覚は仏になれないとする三乗説に対し、一切の衆生は成仏できるとする。『開目抄』は、声聞、縁覚も成仏できるということを「二乗作仏《じじょうさぶつ》」という。

また、本門で初めて開示されたのは、「久遠実成説《くおんじつじょうせつ》」とされる。インドに生まれて成仏し、仏法を説いて八〇歳で亡くなった釈迦は、仏陀の仮の姿に過ぎず、本当は久遠の昔に成仏していた。要するに、仏陀の永遠性を主張する説である。

こうした一乗説、久遠実成説も天台教学で主張される説で、日蓮もそれに拠っている。さらに、先述の一念三千説も重視している。

一念三千の法門は、ただ法華経本門の中心である如来寿量品《にょらいじゅりょうほん》の経文の奥底に沈められている。竜樹《りゅうじゅ》や天親《てんじん》といった菩薩たち（両者ともインドの高僧）は知ってはいたが、その教えを取り出さなかった。ただ、わが天台大師だけが一念三千の教えを経文の底から拾い出した。

日蓮は『法華経』迹門の「方便品」で一切の衆生の成仏が認められたのは、一念三千説が背景にあるからだとする。しかし、迹門の一念三千説は不完全とする。というのも、先述のように、迹門では久遠実成（仏の永遠性）が開示されていないからで、本門の「如来寿量品」になって、真の一念三千が説かれているとする。

ところで、日蓮が「如来寿量品の経文の奥底に沈められている」という表現をとったのは、一念三千という言葉が『法華経』「如来寿量品」には全く見えないことによるのであろう。そもそも、一念三千という言葉を最初に使用（創造）したのは智顗《ちぎ》であるが、智顗も『摩訶止観』巻五で一度しか使っていない。しかも、この言葉は『摩訶止観』を編纂した智顗の弟子灌頂《かんじょう》が付け加えたものではないかという説すらある。

この一念三千説については、『開目抄』よりも『観心本尊抄』の方で主に扱われているので、後に詳述する。

法華経の行者日蓮の矜持

『開目抄』における中心論題は、「法華経の行者」としての日蓮である。日蓮は法華経の行者であるのに、なぜもろもろの苦難に遭わなければならないのか、という疑問を立て、以下のように記している。

既に二十余年の間、この法門を申したが、日々、月々、年々に難がたびたび起こった。少々の難は数知れず、大事の難は四度あった。二度はしばらく置くにしても、王難（ここでは鎌倉幕府による配流）は既に二度に及んだ。このたびは、既に我が身の命にも関わった。その上、弟子といい、檀那《だんな》といい、わずかの聴聞の俗人が来ても、重科に処された。あたかも謀反人のようだ。

また、法華経の行者としての矜《きょう》持《じ》をもっているが、諸天の加護がない点を以下のように嘆いている。

日蓮の法華経に対する知識や理解は、天台大師（智顗）・伝教大師（最澄）の千万分の一にも及ばないが、法難を忍受し、慈悲がすぐれていることにおいては両大師も恐れられるだろう。きっと、いつかは諸天のご加護を被《こうむ》るだろうと存じてきたが、いまだ何のきざしもなく、私はますます重い刑罰に処せられている。翻ってこのことを考えると、我が身は法華経の行者ではないのだろうか。また、諸天善神らはこの国を捨て去り給うたのか。いずれにしても疑わしい。

そこで、『開目抄』の後半部は、日蓮に加護がないのはなぜかという問題に対し答えることが主題となる。まず、『法華経』「勧持品」の偈《げ》（詩）を取り上げる。その偈は、八〇万億那由多《なゆた》（那由多とは極めて大きな数の単位）の菩薩たちが、この娑婆世界で、迫害に遭いながらも『法華経』の弘通《ぐずう》を誓う内容である。

『法華経』勧持品の偈に「多くの無知の者が法華の行者の悪口を言い、誹《そし》り、また、刀や杖《つえ》、瓦《かわら》、石で迫害するだろう」と説かれている。今の世を見ると、日蓮以外の諸僧で、誰が法華経に付きて人々に悪口を言われ、罵《ののし》られ、刀や杖などで危害を加えられているだろうか。日蓮がいなければ、勧持品の偈の予言は空ごととなるであろう。（中略）また、（勧持品の偈には）「法華の行者は数々そのところを追い出される」とも述べられているが、日蓮が法華経を広めたために、たびたび配流されなければ、「数々」という言葉はどのように扱ったらよいのだろう。この「数々」という勧持品の語は、天台大師も伝教大師もついぞ体験されなかった。ましてや、それ以外の人々においてをや。末法のはじめの特徴である「おそるべき悪い世の中に」という仏のお言葉が現実化し、その中で日蓮一人がこの「数々」の文字を身をもって読むことができたのである。

右の引用部分からわかるように、日蓮は勧持品の偈が、まさしく日蓮の苦難を予言していると理解していたのである。

ただし、世間の人も疑い、私自身も疑問に思うことだが、どうして諸天は日蓮を加護されないのであろうか。諸天などの守護神には釈尊の前で誓われた言葉がある。もし法華経の行者がいれば、たとえ猿《さる》の姿をしていても法華経の行者と呼び、急いで仏前での誓いを果たして、守護しようと思われるべきなのに、そのことがないというのは、やはり私は法華経の行者ではないのだろうか。

日蓮に諸天の加護がないのはなぜか。それは、日蓮が法華行者ではないということか。この問題をめぐって『開目抄』では議論がさらに展開される。その過程で、日蓮は、『法華経』の字面をただ追うのではなく、身読（色読）していく。いわば、自らを投げ込んで読み解いてゆく。その臨場感、緊張感が本書の眼目といえる。

結局、日蓮は「法華経の行者」なのだが、常不軽菩薩《じょうふきょうぼさつ》のように、前世における謗法《ほうぼう》の罪によって、苦難を受けているという結論を見いだすのである。常不軽菩薩というのは、『法華経』「常不軽菩薩品」の主人公の菩薩である。常不軽菩薩は、相手が誰であれ、「私は、あなたたちを深く敬います。決して軽蔑《けいべつ》しません。なぜなら、あなた方はみな、菩薩の道を実践して、将来きっと仏になるから」と呼びかけて、礼拝した。人々は「なにをふざけたことを言うのか」と腹を立て、悪口罵詈《ばり》し、杖や枝、瓦石《がせき》をもって彼を迫害した。それでも彼はめげず、誰に対しても同じ言葉をかけて礼拝し、迫害されるということを繰り返した。この常不軽菩薩が、まさに、日蓮の手本であった。

三大誓願

日蓮は『法華経』の身読により自分が法華行者であるという確信を得た。そこで、三大誓願を書き著している。

　私はかつて誓願を立てた。すなわち、「日本国の国主の位を譲り与えよう。法華経を捨てて観無量寿経などに帰依して、後世の安楽を願うならば」「父母の首を刎ねてしまうぞ、もしお前が念仏を称えなければ」などのさまざまの大きな難が起こったとしても、智者に私の宗教的な信念が説き伏せられないかぎり、それらに従わないという誓願である。そのほかの大難は風の前に舞い去る塵《ちり》のようなものである。私は日本国の柱となろう。私は日本国の眼目となろう。私は日本国の大船となろう。そのように誓った大願を破ることは決してない。（傍線筆者）

　三大誓願とは傍線部分である。より直截的に言えば、「国の柱としてこの国を支えていこう。国の眼目として、この国の人々を導いていこう。国の大船として人々を安楽の彼岸へ渡していこう」という三大誓願である。そこに、末法の法華行者、真の救済者としての自覚が表れている。『開目抄』が人開顕の書といわれる理由であろう。

以上、述べてきたように、『開目抄』は、受難の正当化と法華経の行者としての確信が主に語られている。次に『観心本尊抄』を見てみよう。

『観心本尊抄』の世界

『開目抄』を書き上げてから二ヵ月後の文永九年（一二七二）四月には、日蓮は塚原から一谷《いちのさわ》の土豪、一谷入道の屋敷に移された。一谷は、現在の佐渡市和田町市野沢にあたる。塚原の三昧堂からの移動であった。日蓮も次第に佐渡の暮らしに慣れていき、布教に成功する場合もあり、先に触れたように阿仏房夫妻、国府入道夫妻といった佐渡の有力者の信者ができていった。彼らの支援もあって、暮らしやすい地へ移されることになったのであろう。日蓮はそこで、文永一〇年（一二七三）四月二五日に『観心本尊抄』を書き上げた。

『観心本尊抄』は、『如来滅後五五百歳始観心本尊抄《にょらいめつごごごひゃくさいしかんじんほんぞんしょう》』というのが正式名称である。タイトルの「如来滅後五五百歳始」というのは、仏の入滅後を五百年ずつ区切った、その第五の五百年の始めを意味する。仏滅後五百年ごとに次第に時代が悪くなっていくという時代区分の考えで、『大集経《だいじっきょう》』による。仏滅後最初の五百年は、正法が盛んで解脱を得る者が多い解脱堅固《けんご》の時代とされる。第二の五百年は、解脱を得る者はいないが、禅定《ぜんじょう》（瞑想）は盛んな禅定堅固の時代である。第三の五百年は、仏道を実践する者は少ないが、知識を求めることは盛んな多聞《たもん》堅固の時代である。第四の五百年は塔寺の建造が盛んな多造塔寺《たぞうとうじ》堅固の時代である。第五の五百年は邪険がはびこり、闘諍《とうじょう》（争い）が盛んな闘諍堅固の時代とされる。

当時の日本では永承七年（一〇五二）に末法に入ったとされたように、紀元前九四九年入滅説がはやっていた。日蓮は本書を書いた文永一〇年（一二七三）頃は、邪険がはびこり、闘諍が盛んな仏滅後第五の五百年の始めの年（＝如来滅後五五百歳始）にあたると考えていた。

それゆえ、この題名には釈迦入滅後の第五の五百年までの間にかつてなく、今、初めて弘通する観心本尊という意味と、滅後二千二百二十余年にまだ現れていない観心本尊を、第五の五百年（末法の時代）の始めに弘通するという意味を含んでいるといわれている。

日蓮は『勧心本尊抄』を書き上げ、翌日には手紙を副《そ》えて富木常忍《ときじょうにん》に送った。その副状には、富木氏から送られた帷《かたびら》・墨・筆に対するお礼が述べられ、著した『観心本尊抄』を、大田殿（乗明《じょうみょう》）・教信《きょうしん》御房（曽谷《そや》次郎入道）に与えること、前代未聞の大事を著した秘書なので、みだりに公開せず、三・四人で集まって読んではいけないことが示されている。また更なる国難をも顧みず五五百歳を期して書いたこと、この書を一見した者が師弟ともに霊《りょう》山浄土《ぜんじょうど》で三仏（『法華経』「見宝塔品《けんほうとうほん》」に見える釈迦仏・多宝仏・十方分身仏）の顔貌《がんぼう》（尊顔）を拝見したいものだ、と述べられている。

このように、日蓮が本書を前代未聞の大事を書き著した秘書と位置づけていた点を押さえておこう。

『観心本尊抄』に見る一念三千説

『観心本尊抄』の構成の分け方には、種々の説があるが、一応、以下の三部に分けられる。

第一部　一念三千について論じた部分
第二部　日蓮独特の題目・本尊について述べた部分
第三部　末法について述べた部分

まず、第一部から見よう。『観心本尊抄』は、まず、天台大師智顗の『摩訶止観』巻五の一念三千説の引用から始まり、問答体で議論が進められる。

摩訶止観第五巻に一念三千の法門を次のように説かれている。「そもそも、衆生の一念の心には十種の法界が具わっている。その一界にはそれぞれの心に十法界を具えているので、百法界となる。また、一法界は衆生世間・五陰世間・国土世間という三世間と、十如是を掛け合わせた三十種の世間を具えているので、百法界では合計三千種の世間を具えることとなる。この三千の諸法が私たちの刹那の一念心にもとより具備されている。もし心がなければ諸法は成立しないが、微弱な心さえあれば、必ず三千の諸法はすべて具わっている。（中略）

このような意味で、私たちの心は思慮を絶する境地であるとされる」と。

この一念三千説と『法華経』(唱題)との関係の説明が『観心本尊抄』の肝といえる。一念三千説は先に第二章で紹介したが、再説しておこう。

一念三千説は、一念(ごくわずかな心)の中に全世界の真理が含まれているとする。まず、生あるものが存在する十の世界(十界)のそれぞれが、自らの内に、それら十界を含んでいる。十界とは、地獄、餓鬼、畜生、修羅、人、天、声聞、縁覚、菩薩、仏の世界のことである。

地獄で苦しむ者にも仏の要素がある。仏であっても地獄の要素をもっていなければ、地獄で苦しむ者を救うことはできないとする。十界におのおの十界があることで百界となる。一念三千の三千というのは、その百界のそれぞれが十の要素(十如是《じゅうにょぜ》といい、相、性、体、力、作、因、縁、果、報、本末究竟《ほんまつきゅうきょう》等)を具えるとするので千となり、さらに、そのそれぞれが三世間を具えていて、三千とするものである。

日蓮と一念三千説

日蓮は、天台大師智顗の一念三千説が仏説の核心であることを、それに対する疑問に問答体で答えながら論じる。

とくに問題となるのが、一念三千説によれば、我々衆生の心の中に仏の世界までもすべて含まれることになる点である。

しばしば他の人の顔を見ると、ある時は喜び、ある時は怒り、ある時は平静で、ある時は貪《むさぼ》る様子を示し、ある時は愚かな表情があり、ある時は他人にこびへつらう心が現れる。これは、怒りは地獄界、貪りは餓鬼界、愚痴は畜生界、へつらいは修羅界、喜びは天界、平静は人界のそれぞれの表れである。このように、他人の顔の表情という色法《しきほう》には、地獄界から天界までの六道《ろくどう》がみな具わっている。

人の顔（心）には、喜び、怒りなどの種々の感情や欲望が浮かんでは消える。これらの感情や欲望は、人の内にある地獄、餓鬼、天上といった六道世界の表れだという。では、凡夫である我々に四聖《ししょう》（声聞、縁覚、菩薩、仏）の世界はあるのだろうか。

この世が無常であることは、私たちにとって眼前の（明らかな）ことである。（それゆえ、無常を観ずる）二乗界を、我々の人界は具えているではないか。また、自分の行為を全く顧みない悪人でさえ、なお妻子を愛する。これは菩薩界の一部である。ただ仏界だけは、具体的に現れがたいが、既に（人界に具わる）九界を認めているのだから、仏界の存在を固く信じて、疑ってはいけない。『法華経』の「方便品」には、人界について「衆生に仏の知見を開悟させよう（悟らせよう）と思う」と説き、『涅槃経』には「大乗を学ぶ者は、たとえ凡夫の肉眼をもっていても、それは仏眼である」という。末代の凡夫がこの世に生まれて『法華経』を信じるのは、人界が仏界を具えているからに他ならない。

我々が無常を知る時、無常を観じて悟りを得る二乗（声聞、縁覚）世界が現れている。また、悪人でも妻子に慈愛の情をもつ際に、菩薩の世界が現れている。それゆえ、凡夫にも仏の世界が現れているはずである。そもそも、末代の凡夫がこの世に生まれて『法華経』を信じるのは人界に仏界を具えているからに他ならない、という。

こうして、日蓮は一念三千説と『法華経』信仰を結びつける。そのうえで、日蓮独自の題目論を展開する第二部に入る。

題目論

第一部では、日蓮は一念三千説が仏説（『法華経』）の中心にあることを種々の経典を引いて論じた。しかし、一念三千説が『法華経』で明確に論じられているわけではなく、とりわけ、仏界が凡夫に現れるとする点などは疑問がないわけではない。

第二部でとくに注目されるのは、日蓮が、「妙法蓮華経」の五文字に仏界が具わっているとする点である。

これに勝手に私の解釈を加えることは、法華経の本文を汚すようなことである。しかしながら、経文の真意は、釈尊が悟りのために修した因行《いんぎょう》と、悟りによって得た果徳《かとく》はすべて妙法蓮華経の五字に具なわっているというものである。私たちがこの妙法蓮華経の五字を受持・信行《しんぎょう》するならば、おのずからその因行と果徳の功徳を譲り与えてくださることになる。

日蓮は謙遜《けんそん》しつつも、『法華経』のタイトル「妙法蓮華経」の五字に、釈迦が悟りのために行った修行（因行）と、悟りによって得た果徳はすべて具わっている、と独自な説を展開する。そのうえで、『法華経』を受持・信行すれば、釈迦の功徳が得られる、と主張する。要するに、「妙法蓮華経」という題目に、釈迦の功徳、換言すれば仏の世界が集約されているとする。それゆえ、「南無妙法蓮華経」と題目を唱えることで、凡夫は釈迦の一切の功徳

日蓮は智顗らの一念三千を理行《りぎょう》（理論にとどまる行）とし、唱題を事行《じぎょう》（利他のための行）と位置づけるに至った。ここに、日蓮は智顗らの一念三千を理行（理論にとどまる行）とし、

先述したように、文永六年（一二六九）頃の「十章抄」では、「この一念三千の観法は智恵ある者の修行方法である。今の日本国の在家の者には、もっぱら南無妙法蓮華経と唱えさせるべきである」と述べている。すなわち、「南無妙法蓮華経」と唱える唱題は在家者が修すべき行で、他方、智恵ある修行者は、「一念三千」の観法をするように、と区別していた段階から、事行としての唱題の優位性を主張し、日蓮門下全員がするよう指摘した点は画期的である。

題目とは、本来、タイトルのことであるが、そうした日蓮の主張によって「妙法蓮華経」のタイトルである五字を意味することが一般化し、唱題とは「南無妙法蓮華経」と唱えることを意味するようになっていった。なお、日蓮は、『立正安国論』の執筆などを通じて、法然批判を展開していたが、日蓮による唱題重視の背景には浄土宗系の称名《しょうみょう》念仏「南無阿弥陀仏」への対抗意識があったと考えられている。

曼荼羅本尊

ところで、日蓮は、『観心本尊抄』の中で、本尊である仏の姿を描く曼荼羅の構成につい

て以下のような独自な見解を述べている。

その本尊の姿は、久遠実成の本師釈尊が娑婆世界の、虚空に浮かぶ宝塔の中央に妙法蓮華経の五文字、左に釈迦牟尼仏《むにぶつ》、右に多宝仏がおられ、釈尊の脇士《きょうじ》として上行ら四菩薩、その眷属《けんぞく》として文殊《もんじゅ》菩薩や弥勒《みろく》菩薩が末座に座っている。その他の迹化の菩薩や他方の大小さまざまな菩薩たちは、万民が大地にいて殿上人《てんじょうびと》や公卿《くぎょう》を仰ぎ見ているようだ。

娑婆世界の上空に宝塔があり、その中央に妙法蓮華経の五文字、左に釈迦、右に多宝仏、釈迦の左右に上行ら四菩薩などが座る様子を本尊の姿として描いている。久遠実成の本仏から地涌《じゆ》の菩薩に題目が委嘱《いしょく》されたシーンを念頭に置いたものであろう。

日蓮は、文永一〇年（一二七三）七月八日以来、中央に「南無妙法蓮華経」と書き、周囲に諸仏・菩薩の名を記した文字曼荼羅を自ら書いて門人に譲与したが、その原理が『観心本尊抄』のその部分に示されている。

日蓮は、文永一〇年七月八日には「大曼荼羅本尊」を描いた。「佐渡《さど》始《し》顕《けんの》本尊《ほんぞん》」といわれる文字曼荼羅である。この曼荼羅は身延山久遠寺に伝来したが、明治八年（一八七五）の火災で焼失した。縦約一八〇センチ、横約八〇センチの巨大なもので、絹地に墨書されていた。

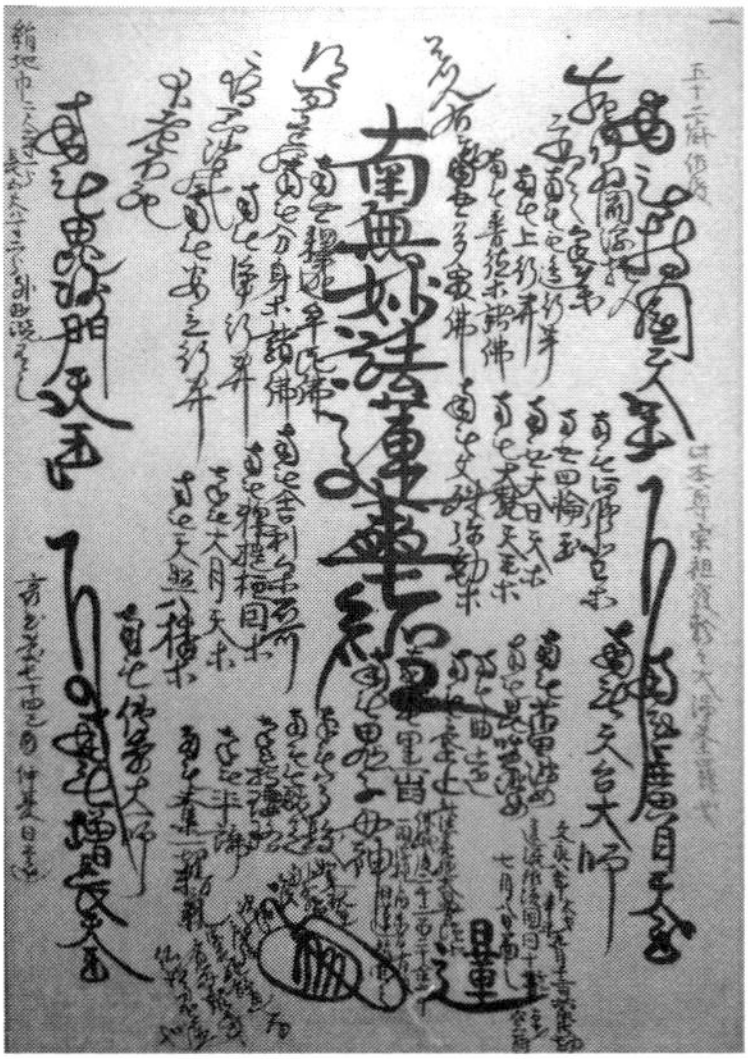

日蓮真筆の佐渡始顕本尊を、日亨が模写したもの。身延山久遠寺所蔵。

以後、一二〇点以上の「大曼荼羅本尊」が作成された。

図は、身延山三三世日亨《にっこう》が日蓮真筆の佐渡始顕本尊を模写したものである。図のように、中央に『法華経』の七字の題目（「南無妙法蓮華経」）、両端に愛染・不動明王の梵字、四隅に四天王を配する。さらに、題目の両側の上段には釈迦・多宝の二仏が並座し、その脇士の地涌の四菩薩が座す。第二段より下には文殊菩薩以下の諸聖・諸神が配置されている。最下段には日蓮の署名と花押が書かれている。

先述した依智で書かれた「楊子の本尊」は題目と愛染・不動明王の梵字を書いたシンプルな本尊であったが、佐渡始顕本尊は、『観心本尊抄』での原理を具体化したものであった。

『観心本尊抄』の第三部で日蓮は、『法華経』は末法の衆生を主な対象としているとする説を述べている。永承七年（一〇五二）に末法に入ったと考えられ、貴族世界は絶望に震えた。寺社の世界においても、山門派と寺門派の対立など仏教の衰退が意識され、末法に入ったという認識が広まった。

そうした状況下において、法然、親鸞といった浄土教系の僧たちは、末法である娑婆世界（この世）とは別世界の阿弥陀の極楽浄土に救いを求めた。他方、日蓮は、『法華経』は、末法であるこの世の衆生を主な対象とするとし、この世での救済を主張した。

法華経迹門十四品の中心である第二の「方便品」から第九の「授学無学人記品」までの八品は、一応、経文から見ると、声聞・縁覚の二乗を救済を主対象とし、菩薩や凡夫は従の救済対象となる。しかし、改めて考えてみると、その対象は二乗や菩薩ではなく凡夫にある。それも釈尊滅後の正・像・末の三時の凡夫を救済することが主であり、さらに正・像・末の三時の中では、末法の始めの凡夫こそが主対象である。

日蓮は、『法華経』では、釈迦がこの世界に出現して教えを説いた目的は末法の衆生のためであるとする。とりわけ、「仏がこの世に出現されたのは霊鷲山《りょうじゅせん》で八年間にわたって『法華経』を聴聞した人々のためではなく、仏滅後の正法一千年・像法一千年・末法万年の人々のためである。さらに、正法および像法の二千年間の人々よりも、末法の始めの私のような凡夫が主対象である」と主張した。

また、「今は、末法の始めであり、小乗教が大乗教を打倒し、権教《ごんきょう》が実教を破折し、東西の区別もなく、天地もさかさまに認識される。法華迹門の教えを広める導師は隠れて出現しない。また、諸天善神も謗法の国を見捨てて、守護することはない。こうした時に、釈尊より布教の付嘱《ふしょく》を受けた地涌の菩薩が初めて世に出現し、妙法蓮華経の五字」を弘通する、とする。すなわち、日蓮は、今の世は末法の始め（とくに第五の五百歳の始め）であり、先述した地涌の菩薩が『法華経』の題目を弘通すると主張している。

要するに、日蓮は、末法は不幸な時代ではなく、釈迦の究極の真理である『法華経』を地涌の菩薩によって広められる時代だと考えていた。そのうえで、日蓮は地涌の菩薩（とりわけ、上行菩薩）を手本としていた。

第五章　身延山の暮らし

日蓮赦免

日蓮は、文永一一年（一二七四）二月一一日には罪を許され、三月二六日には鎌倉へ戻ることができた。「種種御振舞御書《しゅじゅおふるまいごしょ》」では、鎌倉へ「戻る」ではなく「打ち入」ると書いているので、敵地に乗り込むような悲壮な覚悟であったらしい。

日蓮が二年半ほどで配流を解かれたのは、蒙古襲来（他国侵逼難）などを予言した異能者として評価されたからだとする説が有力である。当時、予知能力は大いに宗教者に期待された能力である。それゆえ、その可能性も否定できないが、『本朝高僧伝』が記すように、極楽寺忍性らの嘆願による可能性の方が高いと、私は考える。

忍性は、当時の鎌倉で最も大きな影響力を有した僧であり、日蓮を悪口《あっこう》の咎《とが》で訴え、悪口に対する謝罪を求めた責任者であった。おそらく忍性としては、日蓮が謝罪すると見込んでいたはずで、日蓮配流は意外な結果であったのだろう。忍性が日蓮の配流を許す嘆願を行った可能性は高く、幕府も無視できなかったはずである。

日蓮は四月八日に侍所で平頼綱らと会見した。その際、頼綱は『法華経』以前の教えでも成仏できるのかといった質問をしたが、とりわけ、執権の意を受けてか蒙古襲来の時期について質問した。日蓮は今年（文永一一年）中に蒙古襲来が起こることなどを述べ、謗法《ほうぼう》である真言僧らを祈禱に登用しないように求めた。しかし、祈雨祈禱に真言僧定清《じょうせい》が登用されるなど、日蓮のそうした諫言《かんげん》は幕府に受け入れられなかった。日蓮は、幕府に三度の諫言が受け入れられなかったので、鎌倉を退去して、身延山（現・山梨県南巨摩郡身延町）に移ることにした。

以来、日蓮は身延山に九年間住むことになる。その間に日蓮は、大部の『撰時抄』『報恩《ほうおん》抄《しょう》』『三大秘法抄』などを書き上げている。その期間は、日蓮晩年にあたるが、僧侶人生の集大成の時期であったといえる。

身延入山

文永一一年（一二七四）五月一二日、日蓮は鎌倉を出て、五日後の一七日には、波木井郷《はきい》（現・山梨県身延町波木井）に到着した。波木井郷は、波木井実長《さねなが》（南部《なんぶ》三郎実長）の所領であった。実長は日蓮の弟子で身延山久遠寺の開基檀越《だんおつ》で、武士であった。日蓮が、身延山に向かったのは、実長の勧めがあったからだと考えられている。

実長は、南部氏の一族で、日蓮の高弟日興の勧めで日蓮の信者となったと考えられている。日蓮佐渡配流後においても、日蓮から手紙を通じて教えを受けている。

日興は、駿河国蒲原荘《かんばらのしょう》に所在した四十九院（廃寺、現在の静岡県富士市中之郷に所在したか）所属の僧であった。日興の活動によって駿河国から甲斐国《かいのくに》にかけて信者ができていった。諫暁《かんぎょう》活動（日蓮の教えに改宗させること）を継続したら再度配流される恐れが大であったため、日蓮が鎌倉での活動を断念したことを知り、日興は実長とともに、彼らの根拠地に日蓮を招いたのであろう。

ただ、日蓮は、そこを終《つい》の棲家《すみか》とすると決めていたわけではなかったようだ。五月一七日付の富木常忍《ときじょうにん》宛の手紙で、日蓮は次のように述べている。

飢えと飲み物不足は表現できないほどです。米一合も売ってもらえず、餓死しそうです。随って来た弟子たちをみな帰してしまい、ただ一人となるでしょう。このことを他の弟子たちにも伝えてください。

十二日に酒匂《さかわ》、十三日に竹の下《たけのした》、十四日に車返《くるまがえし》、十五日に大宮《おおみや》、十六日に南部《なんぶ》、十七日に身延に到着しました。いまだに決めていませんが、おおむね、この山中が心に合っていますので、しばらくは滞在しようと思っています。結局は一人になって日本国を流浪するべき身です。また、ここに立ち留まる身となったならば、お目にかかりたいと思います。恐々謹言。

十七日　　　　　　日蓮（花押）

ときどの

日蓮は五月一七日に身延に着いたが、米などを売ってもらえず、飲食に事欠き、一緒に来た弟子たちを帰さざるを得なかった。日興と波木井実長らは、日蓮を飢えさせるつもりは全くなかったはずで、銭さえあれば米を買えると踏んでいたのであろうが、その予想に反して新参者の集団に米を売る者がいなかったのであろう。おそらく、日蓮からの知らせを受けて、ただちに日興や実長らは対応したと思われる。

身延山の草庵

そうした入山当初のトラブルはともかくとして、日蓮は身延山が気に入り、しばらく滞在することにした。

ところで、「結局は一人になって日本国を流浪するべき身」という言葉から日蓮が絶望的な心境であったとする説もある。だが、後述する『撰時抄《せんじしょう》』にあるように、末法の始めの五百年において『法華経』のエッセンスである題目を弘通する者が、迫害を受けて結局は自分一人となるかもしれないという自覚を表した表現であり、絶望というより、『法華経』の常《じょう》不軽《ふきょう》菩薩のような存在としての強い自覚を表現した言葉であろう。後には、地涌《じゆ》四菩薩の代表である上行《じょうぎょう》菩薩の垂迹《すいじゃく》（仏・菩薩が人々を救うため、仮の姿で現れること）を自任するようになる。

身延山久遠寺の棲神閣祖師堂。身延山久遠寺提供。

日蓮が暮らした身延山での住まいはどのようなものであったのだろうか。そのことを知るうえで「庵室《あじち》修復書《しゅうふくしょ》」と呼ばれる日蓮の遺文は大いに参考になる。それによると、身延到着後、ちょうど一ヵ月を経た六月一七日に庵室は完成した。一二本の柱と壁をもつ、しっかりとした建物だったらしい。

身延山での暮らしが始まると、教えを請う弟子や信者が訪ねてくるようになった。次第に、そこで暮らす弟子も増えていった。弘安二年（一二七九）には一〇〇人を超える弟子たちがそこに暮らすようになっていった。身延山は寺として、本山として整備されていくようになった。

日蓮が暮らした庵室のあった地には、現在、日蓮宗総本山である久遠寺が建っている。日蓮の草庵は、久遠寺から身延川沿いに六〇〇メートルほど西方の西谷《にしだに》にある。そこは、日中もあまり日が射さない深い谷間であった。久遠寺が現在の地に移転したのは、一五世紀の後半で、日朝《にっちょう》の時代であった。日朝は、伽藍を整備し、寺の年中行事、運営組織を整備した。日朝は「日蓮遺文」の収集や日蓮研究でも知られる。

文永の役の衝撃

文永一一年（一二七四）一〇月、ついに蒙古軍が襲来した。日蓮が身延に到着後、五ヵ月ほど後のことであった。高麗を支配する元軍と高麗軍の連合軍が、対馬《つしま》、壱岐《いき》を経て九州北部、博多湾岸に攻めてきたのである。世に言う文永の役である。

文永一〇年には、朝鮮半島南部で元に抵抗していた三別抄《さんべつしょう》（高麗の精鋭部隊）も鎮圧され、いよいよ日本に元軍が派遣された。

元と高麗の連合軍は、大型船三〇〇隻《せき》、小型船六〇〇隻、合わせて九〇〇隻で攻めてきた。実際には、大型船は一五〇隻くらいと考えられている。それらに乗った三万三〇〇〇もの兵が、攻め込んできたのである（服部英雄『蒙古襲来と神風』）。一〇月三日に襲来し、二〇日未明には博多湾に至った。しかし、少弐景資《しょうにかげすけ》を大将とする日本軍の善戦と冬の嵐にあって、二六日頃には元軍は撤退した。かつては、神風（台風）が吹いて一日で退散したといわれてきたが、そうではなかったことが明らかにされている（服部『蒙古襲来と神風』）。

蒙古襲来の知らせは、一〇月一七日には、京都の六波羅探題に伝えられた。その数日後には、知らせは鎌倉に到着している。幕府は、西国守護に対して、任国に下向し、国内の地頭等武士を率いて蒙古軍に当たるように命じている。また、東寺《とうじ》や延暦寺などの寺社に蒙古退散祈禱を命じている。

日蓮のもとには、一一月初旬には蒙古襲来の知らせは届いていた。その知らせを聞いて自分が予言していた「他国侵逼難」が起こったと考えた。いわば、日蓮の主張、予言の正しさ、言い換えれば『法華経』の真実性を示す事件であった。

日蓮の信者である南条時光への一一月一一日付返状（「上野殿御返事」）では、以下のように述べている。

（前略）そもそも、日蓮は日本国を助けようと深く思っていますが、日本国のすべての人々が一同に、国が亡びる前兆なのだろうか、私の考えを受け入れられないばかりか、たびたび迫害を受けてきたので、しかなく山林に身を隠しました。これまで、大蒙古国は必ず攻め込んできますと申してきたが、私が申したことをお聞き入れになっていれば、状況は違っていたのではないかと思い、心が痛みます。人々がみな、現在の壱岐・対馬

の人々のような目に遭われるかと思うと、涙が止まりません。（後略）

そのうえで、後略部分で、こうした事態を招いたのは誤った教えが流布しているからだ、とする。「亡国の悪法」である念仏と、「天魔の所為」である禅を批判している。さらに、真言が「第一の邪事」であるはずなのに、昔より今に至るまで誰もそれを知る人はいないと述べ、真言こそが悪の根源とする。後白河院《ごしらかわ》が平清盛《たいらのきよもり》に、後鳥羽院が北条義時に敗れたのも、真言が祈禱したからであると述べる。それなのに、鎌倉では真言が盛んに祈禱を行っている。これ以上の惨事を避けるためには真言僧の祈禱をやめるように主張している。日蓮は、危機感を露わにしつつ、真言祈禱の排除の必要を主張し、宛名の南条時光に対して、これを他の人々に読み聞かせるように指示している。

南条時光は、駿河国富士《ふじ》郡上方《かみかたの》荘《しょう》上野《うえの》郷（現・静岡県富士宮市）の檀越で、七郎次郎・左衛門次郎・上野殿ともいった。富士大石寺《たいせきじ》の開基檀越である。この手紙の前略部分によれば、南条が身延の日蓮に清酒を二管《かん》、柑子《こうじ》（みかん）を一籠《かご》、こんにゃくを一〇枚、山芋《やまいも》を一籠、牛房《ごぼう》を一束送っていることがわかり、南条の日蓮への細やかな配慮が示されていて興味深い。

ところで、日蓮は、この文永の第一次の蒙古襲来に関して、弘安の役の前年の弘安三年

（一二八〇）一二月に『諫暁八幡抄《かんぎょうはちまんしょう》』を書いて次のように述べている。

去る文永十一年に大蒙古国の軍勢が攻め寄せてきた時、日本国の兵が多く殺されたばかりか、八幡の宮殿（箱崎《はこざき》八幡宮）が焼かれてしまった。その時になぜ、神々はかの大蒙古国の兵たちを罰せられなかったのか。まさに、この事実から、かの大蒙古国の大王の力がこの日本国の神よりも勝《すぐ》れていたことは明らかである。

日蓮にとって、蒙古襲来は予言した「他国侵逼難」であった。念仏・禅・律・真言などの謗法を信じる日本は、守護する神々から見捨てられたと考えていた。それゆえ、文永一一年（一二七四）に蒙古軍によって日本国の兵が多数殺害されたばかりか、兵火によって箱崎八幡宮（現在の福岡県福岡市に所在した）が焼失したのは、蒙古国の王の力が日本の神々より勝っている証拠であると考えていた。南宋は一二七六年には元に降伏し、七九年には南宋の残党軍の抵抗も終わっていた。日蓮は、次に来るであろう二回目の蒙古襲来では、南宋を滅ぼした蒙古軍に日本国は敗れると確信していた。

『撰時抄』の世界

日蓮は、建治元年（一二七五）六月に『撰時抄』を執筆する。『開目抄』『報恩抄』に次ぐ大部の著作で、『立正安国論』『観心本尊抄』とともに日蓮の代表作五大部の一つとされる。

『撰時抄』は、「それ仏法を学《がく》せん法は、必ず先《ま》づ時をならうべし」という文章で始まる。その意味は、仏教を学ぶ際には、まず「時」を知ることが重要だというのである。この文に示されるように、『撰時抄』では「時」の観点から、今こそ『法華経』のエッセンスである「妙法蓮華経」「南無妙法蓮華経」の五字・七字を広宣流布すべきことを述べている。

仏教者にとって、「時」と対になるのが、能力を意味する「機（機根）」である。すなわち、仏教の価値や意味を理解する能力のことである。通常、機根無き者に仏教を説いても、その意味や価値を理解できず、謗《そし》ったり、迫害をしたりするので、機根に応じた布教をすべきとされる。それゆえ、相手の理解能力に応じた布教（摂受《しょうじゅ》ともいう）をすることになる。ところが、日蓮は、まさに今は末法の中でも、最初の五百年の「闘諍堅固《とうじょうけんご》」の時期であり、そうした迫害（謗法）を恐れず、相手に論戦を挑み、布教（折伏《しゃくぶく》という）すべき時だと主張している。

こうした主張の背景には、南宋が元によって滅亡しそうな状況にあり（一二七六年には実質的に滅亡）、文永一一年（一二七四）には、蒙古軍が日本に襲来したことがある。この文永の役では、蒙古軍は短期間で撤退したが、壹岐・対馬は大打撃を受けたし、再度の襲来も予想されていた（実際、弘安四年〔一二八一〕五月には再度の襲来があった。弘安の役である）。『撰時抄』では、朝廷、幕府らが日蓮に蒙古退散祈禱を依頼せず、真言僧らに祈禱を任せている現状を批判したうえで、日本が蒙古に滅ぼされると予言し、そうならなければ真言宗が勝れていることを認めるとまで主張している。その意味では、日蓮の予告・予言は、弘安の役での蒙古軍の撤退により、いわば外れたのである。以下に、もう少し『撰時抄』の内容を見ておく。

『撰時抄』と他宗批判

日蓮は、『大集経』『法華経』に依拠して、まさに今、末法の始めの五百年は『法華経』(白法《びゃくほう》)以外の教えが隠没し、上行菩薩等の地涌菩薩によって『法華経』のエッセンスである「妙法蓮華経」「南無妙法蓮華経」の五字・七字が広宣流布する時であることを述べている。

先述したように、当時の日本では紀元前九四九年入滅説に基づき、永承七年（一〇五二）に末法に入ったとされ、日蓮が本書を書いた頃は、仏滅後第五の五百年（闘諍堅固の年）の始め（＝如来滅後五五百歳始）にあたると考えられていた。こうした末法観に立って、法難にめげずに、「妙法蓮華経」「南無妙法蓮華経」の五字・七字を広める自己を法華経の行者として規定し、念仏・禅・真言といった他宗へ、ことに真言宗への厳しい批判を展開している。さらに、念仏・禅・真言を認める天台宗も批判している。

先にも述べたが、日蓮は、自己を日本国の柱と位置づけていた。また、幕府が佐渡配流と決めていたにもかかわらず、日蓮は殺されると思っていた。そのために、日蓮を失うのは日本国の柱を倒すことであり、まもなく自界叛逆難や他国侵逼難が起こると確信していた。それゆえ、文永八年（一二七一）九月十二日の日蓮逮捕の際に侍所所司平頼綱に向かって、謗法者である一切の念仏者や禅僧等の寺や塔を焼き払い、彼らの首を斬らなければ、日本国は必ず滅びる、と述べたのである。佐藤弘夫は、この言葉をレトリックとする（佐藤『日蓮』）が、殺されると思い込んでいた日蓮の信念から出た真情であったとするべきであろう。本音であった点を忘れてはならない。日蓮は死を恐れておらず、本当の思いを述べたのである。

しかし、注意すべきは、日蓮のそうした思いは別として、本件の訴人である極楽寺忍性らは悪口の咎による配流を求めていたに過ぎず、処刑など思いも寄らなかった点である。日蓮は「一切の念仏者や禅僧等の首を切れ」といった過激な発言によって、自ら配流を免れる機会を失ったともいえよう。

日蓮は上行菩薩の化身

ところで、末法の始めに「妙法蓮華経」の弘通を任された地涌菩薩と、日蓮との関係についてだが、日蓮は地涌菩薩の指導者である上行菩薩の化身と見なされている。

しかし、文永一二年（一二七五）二月一六日に書かれた「新尼御前御返事」では、「しかし日蓮は上行菩薩ではないけれども、ほぼすべてこれを知っているのは、かの菩薩の御はからいかと存じて」と明確に否定しているが、上行菩薩の「御はからい」を受ける存在と考えていた。

一方、文永一一年（一二七四）一二月に制作した曼荼羅本尊《まんだらほんぞん》の讃文には次のように書かれている。

文永十一年太才甲戌《こうじゅつ》十二月日、甲斐国波木井郷の山中において図《ず》す、大覚世尊《だいかくせそん》御入滅後、二千二百二十余年を経歴す、しかりといえども月漢日三ヶ国の間、いまだこの大本尊あらず、あるいは知りても弘まらず、あるいはこれを知らず、我が慈父、仏智をもって隠し留む、末代のためにこれを残す、後五百歳の時、上行菩薩が世に出現し、始めてこれを弘宣す。

仏陀（大覚世尊）が入滅して二千二百二十余年が経過したが、曼荼羅本尊はいまだインド・中国・日本の三ヵ国には存在していない。あるいは、それを知っていても広めなかったのかもしれない。あるいは知らないのであろうか。あるいは、仏陀はその智恵ゆえに隠されたのかもしれない。末代のために残された。末法の始めの第五の五百年のこと。後五百歳（第四章の『観心本尊抄』の世界」の項に詳説したが、末法の始めの第五の五百年のこと。五五百歳ともいう）の時に上行菩薩（の化身である日蓮）が世に出現して、初めてこれを広める。つまり、日蓮があたかも上行菩薩であるかの表現をしている。

また、建治三年（一二七七）の「頼基陳状」では、「日蓮聖人は御経に説かれている通りであるならば、久遠実成の如来の御使、上行菩薩の垂迹、法華本門の行者、五五百歳の大導師でございます」とあり、自らを上行菩薩の垂迹と考えていた。

それゆえ、時期は明確にできないが、身延在住期には自己を上行菩薩の化身とする意識が深まっていったのであろう。

『報恩抄』の世界

建治二年（一二七六）、日蓮の旧師である道善房が死去した。日蓮は、この知らせを受けて七月二一日に『報恩抄』を著した。それを弟子の日向《にこう》を使いとして清澄寺の義浄房《ぎじょうぼう》と浄《じょう》顕房《けんぼう》に届けた。

『報恩抄』は、かつての師であった道善房の菩提《ぼだい》を弔うために著した書であるが、仏教流通《るつう》（教えが広まること）の歴史を振り返りつつ、諸宗批判を繰り広げている。日蓮の代表作五大部の一つとされる。なかでも、最も排撃の対象となったのは慈覚大師《じかくだいし》円仁である。

円仁は、日蓮もかつて受戒するために登った延暦寺の第三代座主となった高僧である。天台宗の密教化を進めた人物として知られる。清澄寺は、もともと円仁系の天台宗寺院であり、道善房の死を意識して、円仁批判を行ったのであろう。

『報恩抄』は、次の文から始まる。

狐《きつね》はみずから育った古塚《こちょう》を捨てることはない。中国晋代《しんだい》の毛宝《もうほう》に助けられた白い亀《かめ》はその恩を忘れず、毛宝が戦いに敗れた時に背中に乗せ、水の上を渡して窮地を救った。動物ですらこのように振る舞うものだ。人間においては言うまでもない。予譲《よじょう》という賢者は旧主の智伯《ちはく》の仇《あだ》を討つために、その機会を待ったが果たさず、最後は自害してその報恩にあてた。弘演《こうえん》という人は使者の役目を終えて帰国したところ、主君の衛《えい》の懿公《いこう》が北狄《ほくてき》に攻め殺され、遺骸が荒らされていたのを見て、自分の腹を割き、主君の肝を中におさめて息絶えた。まして仏教を学する者は、父母や師匠や国の恩を忘れることがあってはならない。

すなわち、仏教を学する者は、父母や師匠や国の恩を忘れることがあってはならないとする。しかし仏教者は、そうした大恩に報いるためには必ず仏法を習い究めて、智恵ある者となることが必要だとする。悟りをめざす道をわきまえるまでは、父母や師匠等に従うべきでない、とする。

師である道善房は、心弱く、日蓮の極めた悟りに帰依せず、清澄寺に留まった。日蓮は、そうした道善房の菩提を弔いながら、日蓮の題目を広める功徳が、道善房の聖霊に集まることを願って同書を終えている。

天台大師・伝教大師が伝えなかったもの

ところで、『報恩抄』は、次の『三大秘法抄』に繫《つな》がる書であり、日蓮が極めた仏法である『三大秘法抄』で論じられる三点についても述べている。

問うていう。天台大師や伝教大師が広めなかった正法があるか。答えていう。ある。求めていう。それはどんなものか。答えていう。それには三つある。末法の衆生のために仏が留め置かれたもので、迦葉《かしょう》や阿難《あなん》などの仏弟子たちも、馬鳴《めみょう》や竜樹《りゅうじゅ》などの論師がたも、そして天台や伝教などの先師がたもいまだ広められなかった正法である。求めていう。その姿はどういうものか。答えていう。一つには日本をはじめ世界中に至るまで、みな一同に本門の教主釈尊を本尊とし、いわゆる宝塔のうちの釈迦牟尼仏と多宝仏、そして宝塔の外の諸仏ならびに上行などの四菩薩は脇士《きょうじ》となるということである。二つには本門の戒壇である。三つには本門の題目である。日本をはじめ中国・インドはもとより、世界中の人々がみな、智恵のある者もない者も、他の行を捨てて南無妙法蓮華経と唱えるべきである。

つまり、『三大秘法抄』で展開される本門の本尊、戒壇と題目である。日蓮が極めた正法である。それは、天台大師、伝教大師も弘通しなかった、末法の始めの衆生のための法であった。日蓮は『報恩抄』において、その三つについては具体的に論じてはいないが、それらは『三大秘法抄』で論じられることになる。

『三大秘法抄』

日蓮は最晩年、六〇歳の時に『三大秘法抄』を著した。『三大秘法抄』は正式には『三大秘法稟承事《ぼんじょうのこと》』という。弘安四年（一二八一）四月八日付で大田金吾（乗明《じょうみょう》）宛に書いたのである。この宛名人の大田金吾は、下総国守護に仕える官僚的な武士で、日蓮の古参の弟子の一人であった。

この『三大秘法抄』は、日蓮仏教の達成を示す書とも考えられている。実際、第二次世界大戦前においては、『三大秘法抄』の政教一致的な部分が注目され、大いに重要視された。また、戦後においては、その部分は、創価学会の国政進出の理論的な根拠ともされた。

ところが、一般的に戦後は、そうした政教一致的な側面が、政教分離の原則や信教の自由の観点から批判され、否定的に見る動きが強い。とくに、『三大秘法抄』は、日親《にっしん》（室町中期の僧）の手に成る写本はあるが、真蹟本がないこともあって、真偽論争がかまびすしい。最も古い写本は嘉吉《かきつ》二年（一四四二）八月二六日に日親が書写して弟子の日慶《にちけい》に授与したものである。他方、最近においては、真蹟と考えてよいとする研究も出ている。ここでは、ひとまず日蓮の著作として分析を行う。

この『三大秘法抄』は、日蓮が説いた末法の人々を救う教えのエッセンスで、三大秘法とは本門の本尊、戒壇、題目の三つである。

本尊とは、成道《じょうどう》した（悟った）久遠の昔からこの娑婆世界と深い因縁に結びつけられている絶対者としての『法華経』「如来寿量品《にょらいじゅりょうほん》」の釈尊のことである。題目は、自行《じぎょう》のための理行（自己の悟りのための理論にとどまる行）の題目でない、自行利他（自分の悟りと他者救済のための）の題目のことである。戒壇とは事《じ》の戒壇のことで、従来は題目の場とされる。

以下、『三大秘法抄』の世界を見てみよう。

『三大秘法抄』の世界

『三大秘法抄』は、『法華経』「神力品《じんりきほん》」を引用して、そこで「要を以《もっ》て之《これ》を言わば（要するに）」何かという問いに答えることから始まる。その答えは本門「如来寿量品」の本尊・戒壇・題目の五字（妙法蓮華経）、の三つ（三大秘法）であるとする。釈迦は、これらの秘法を普賢《ふげん》・文殊《もんじゅ》には譲らず、上行菩薩などの地涌四菩薩に説いたという。その仏は因果の道理を超越した絶対的な仏（「本有無作《ほんぬむさ》の三身《さんじん》」）であり、その場所は、常寂光土《じょうじゃっこうど》（最高絶対の浄土で、実はこの世）である。

第二問答では、これらの秘法はいつ弘通すべきものかが問われ、「仏の滅後正像二千年過ぎて、第五の五百歳闘諍堅固白法隠没の時」と答える。「第五の五百歳闘諍堅固」については先に述べた。

第三問答では、秘法の弘通を末法に限るというのでは、釈迦の慈悲は平等ではなく、偏頗《へんぱ》（偏り）があるのではないかと問いが出される。それに対し、それぞれの時期に「機法《きほう》相応」

（衆生と教えが合致すること）があり、末法においては「ただし、もっぱら本門寿量品の一品に限って出離生死」の要法と答える。

第四問答では、その点についての経典における証拠が挙げられ、第五問答で「三大秘法、その体如何」という本論へ入る。

本門の本尊・題目・戒壇

本尊については、成道した五百塵点（久遠の昔）以来、この娑婆世界と深い因縁のある絶対的存在である釈迦を本尊とする。

題目には、正像（正法・像法）と末法の二つがあり、正像の題目は自行のための「理行の題目」で、末法の題目は自行利他の「事行の題目」とする。また、末法の題目は、天台大師智顗《ちぎ》が『法華玄義』で論じた名《みょう》（名称）・体《たい》（本体）・宗《しゅう》（本質）・用《よう》（働き）・教《きょう》（教説）の五重玄《じゅうげん》（奥深い道理）を具えるとする。

三大秘法の三つ目は、本門の戒壇である。本門の戒壇について具体的に論じているのは同書だけである。

先述したように、通常、戒壇というのは、戒律護持を誓う儀礼である授戒の場のことで、そこが壇状になっているのに由来する。それゆえ、授戒の場と考えるべきであるが、後世なぜか、題目を唱える場と理解されてきた。そうした理解は、正しいのであろうか。以下に『三大秘法抄』の本門の戒壇論を検討しよう。

『三大秘法抄』では、延暦寺戒壇と比較しながら本門の戒壇について、以下のように述べている点が注目される。

戒壇というのは、王法（王権）が仏法と一体化し、仏法が王法と合一して、国王も臣下もみな本門の三大秘法を受持し、有徳王《うとくおう》が正しい法を受けて迫害された覚徳比丘《かくとくびく》を護って戦死したという過去の話と同様の事態が末法濁悪の未来にも実現した時、（天皇の）勅宣ならびに（将軍の）命令（御教書《みぎょうしょ》）を下して、霊山浄土に似た最勝の土地を探して、戒壇を建立すべきであろうか。時を待つだけである。（単なる理論でなく）事実的、具体的な戒のあり方（事《じ》の戒法）はこのようなものである。（インド・中国・日本の）三国ならびにこの全世界の人々や、大梵天王《だいぼんてんのう》や帝釈《たいしゃく》等も天からやってきて加わる戒壇である。この戒壇が確立するならば、延暦寺の戒壇は迹門の理論的な戒（理戒）にとどまるものであるから利益《りやく》がなくなり、（後略）

すなわち、延暦寺の戒壇を「理」（理論的な）にとどまる迹門の戒壇として批判し、本門の戒壇である「事」（実践的、利他の）の国立戒壇の建立を主張している。

それにもかかわらず、この『三大秘法抄』の戒壇論に関しては、戒壇の内容は不明確とされ、「南無妙法蓮華経」の題目を唱える実践の場と考えられてきた（末木文美士『日蓮入門』など）。

確かに、引用部分から見ても、戒壇の具体相について、必ずしも論じられているわけではない。しかし、延暦寺戒壇を迹門によって立つ「理」の戒壇として批判し、朝廷・幕府の命令によって、最勝の地に「事」の国立戒壇の樹立を求めていることは明らかである。

とすれば、具体的には、批判対象となっている延暦寺戒壇とほぼ同じものを想定していたから、具体的に記さなかったとも考えられる。そこで、日蓮時代の延暦寺戒壇での授戒制のありようが問題となる。

理の戒壇

先述したように、授戒制は一〇世紀には機能を停止したと考えられてきた。しかし、延暦寺戒壇（東大寺と観世音寺の戒壇でも）での授戒制は、中世を通じて行われ、機能していた点を忘れてはならない。とくに、日蓮が活動していた鎌倉時代においては大いに機能していたことは確実である。日蓮の戒壇を論じるうえで、この中世授戒制について拙著『新版　鎌倉新仏教の成立』に沿って再度確認しておこう。

なぜ延暦寺戒壇が中世においても機能したのかといえば、そこでの受戒によって、初めて一人前の官僧となったからである。また先述したように、その受戒から何年目であるか（戒《かい》臈《ろう》という）が、年齢よりも重視された官僧集団のヒエラルヒー形成の構成要素であったからだ。それゆえ、中世においても延暦寺戒壇での授戒制は機能し続けたのである。実際、中世延暦寺戒壇に登って、授戒を受けたという証明書（戒牒《かいちょう》という）も多数残存している。『華《か》頂要略《ちょうようりゃく》』（青蓮院《しょうれんいん》の寺誌）によれば、文永六年（一二六九）四月二七日に春（と一一月にもだが）の授戒が延暦寺で行われている。それゆえ、先述のように日蓮も清澄寺から延暦寺に登って受戒したのである。延暦寺戒壇の授戒制は、いわば全国の延暦寺系の僧たちにまとまりを与える統合の契機でもあった。

そうした中世における延暦寺戒壇の実態を踏まえると、『三大秘法抄』が述べているように、日蓮が意識していたのは、授戒の場としての延暦寺戒壇であったはずである。日蓮は、延暦寺戒壇を迹門に依拠した理の戒壇として批判しつつ、本門に立つ事《じ》の戒壇建立を主張したといえる。

そのように考えると、『三大秘法抄』では、簡略な表現ではあるが、当時の延暦寺戒壇の実態を踏まえていることに気づかされる。

延暦寺戒壇で授けられたのは、先述のように『梵網経《ぼんもうきょう》』下巻に説かれる十重《じゅうじゅう》四十八軽戒《しじゅうはちきょうかい》（一〇の重要な戒と四八の補助的な戒）であった。最澄の主張によって始められた延暦寺戒壇であったが、律令国家によって公認された国家的戒壇としての授戒は、最澄の死後、弘仁一三年（八二二）に公認され、翌年から始まったのである。そこは、朝廷（太政官）からの使いが来て、授戒が承認される国立戒壇であった。もっとも、後には、朝廷からの使いは省略されるようになる。

ところで、日蓮は、「(天皇の) 勅宣ならびに(将軍の) 命令(御教書)を下して、霊山浄土に似た最勝の土地を探して」と述べているように、朝廷のみならず幕府も関与する国家的な戒壇を構想していた点は注目される。

また、「三国ならびにこの全世界の人々」とあるように、日蓮が構想した戒壇では、インド・中国・日本の三国のみならずこの娑婆世界のすべての人々に開かれた戒壇であったと考えられる。

延暦寺戒壇では、戒師として目には見えない不現前五師《ふげんぜん》（釈迦・文殊・普賢・一切諸仏・一切菩薩）が授戒の場に招請される。『三大秘法抄』では、「大梵天王・帝釈等も来下して蹋《ふ》み給ふべき戒壇」とあることから、日蓮の構想する戒壇には、それに加えて大梵天王・帝釈等も招請されることになっていたのであろう。

以上のように、『三大秘法抄』において、日蓮が構想した国立戒壇とは、朝廷のみならず鎌倉幕府も公認する国立の授戒の場で、決して題目を唱える場ではなかった。『法華経』本門に基づく、自利利他（自らのためのみならず、他者救済）の事の戒壇であり、インド・中国・日本の三国のみならずこの娑婆世界のすべての人々に開かれた戒壇であった。また、授戒に際しては、梵天、帝釈天も降臨する場であった。

おそらく、日蓮は教団の行く末を考えた時、弟子の養成をどうするかが問題となったはずで、独自の戒壇を構想したのであろう。ちなみに、叡尊《えいぞん》は和泉家原寺《いずみいえばらでら》（現・大阪府堺市）・奈良西大寺・奈良海龍王寺《かいりゅうおうじ》（現・奈良県奈良市）・山城浄住寺《じょうじゅうじ》（現・京都府京都市西京区）などに、忍性は鎌倉極楽寺に教団独自の戒壇を作っている（拙著『新版　鎌倉新仏教の成立』）。日蓮の念頭には、彼らの戒壇の存在があったのではなかろうか。

弟子の往来

身延山には多数の信者が日蓮を訪ねてやってくるようになった。建治二年（一二七六）二月には、古くからの弟子で、日蓮が最も信頼していた富木常忍がわざわざ下総国からやってきた。その首には、前月に亡くなった母の遺骨を納めた木箱があった。常忍は、亡き母の葬式を済ますと、その遺骨を日蓮のもとに安置することを願って、身延にやってきたのである。

一二世紀頃には、遺骨を聖地に納めるという風習が流行するようになる。その先鞭《せんべん》を付けたのは高野山であると考えられている。日蓮の身延の草庵も、門人たちによって、聖地として見なされるようになっていった。

日蓮と久しぶりの再会を果たし、日蓮から親しく指導を受け、亡母の供養も果たした常忍は帰路についた。しかし、日頃大切にしていた持経《じきょう》を忘れてしまった。日蓮は、弟子にもたせて常忍に届けさせた。そのことが、建治二年（一二七六）三月二〇日付の「忘持経事」という日蓮の手紙に書かれている。

それには、転居の際に、妻を旧宅に置き去りにした人や、自分の名前を忘れた槃特尊者《はんどくそんじゃ》など物忘れで知られる人を挙げた後で、持経を忘れた常忍を「日本第一のよく忘るる仁か」とユーモラスに書いている。さらに、仏の本意を忘れた真言・念仏・禅・律の学者や、念仏者に味方する天台真言の学者こそが、物事の道理を忘れるものだと批判している。日蓮のユーモアのセンスと持論を貫く態度がよくわかる手紙である。

手紙による布教

また、日蓮は、建治二年（一二七六）三月二七日付で富木常忍の妻（尼御前）にも手紙を書いている。

鵞目《がもく》（銭）を一貫と酒を一筒、拝受しました。矢が飛ぶのは弓の力により、雲が進むのは竜の力により、夫のなすことは妻の力によります。このたびの富木殿が、身延の山中へおいでくださったことは、尼御前のお力によるものです。煙を見れば火を見、雨を見れば竜を見、夫の行いを見れば妻を見る。ただ今富木殿にお目にかかりましたら、尼御前とお会いしているように思いました。富木殿がおっしゃるには、このたびの母が亡くなった悲しみは深いけれども、臨終のありさまがよかったことと、尼御前が母によく身を尽くして看病をしてくれたことの嬉《うれ》しさは、いつの世までも忘れることができないと、喜んでおられました。

何よりも気がかりなのは、あなたのご病気です。きっと三年の間は初めのように灸《きゅう》治《じ》をしてください。病気のない人でも無常は免れません。ただ、尼御前はまだ高齢ではないし、法華経の行者です。非業の死などは絶対にありません。決して業病ではありますまい。たとえ業病だとしても、法華経の力は頼もしい限りです。印度の阿闍世王《あじゃせおう》は法華経を信仰して四十年も命を延ばし、陳臣《ちんしん》は十五年の間命を延ばしました。尼御前は法華経の行者です。そのご信心は、月が丸くなっていくよう、潮が満ちていくようです。どうして病気が癒えて寿命が延びないはずがあろうかと強く思われ、身体をいたわり、くよくよしないでください。

日蓮といえば、殉教を恐れぬ、闘う法華行者のイメージが強い。とりわけ、国の柱として、幕府諫暁者の華々しいイメージで語られることが多いが、引用した手紙からは、病気の富木常忍の妻への細かな心遣いが知られて興味深い。

富木常忍の妻は、後の日頂《にっちょう》（日蓮の六人の本弟子の一人）を連れて常忍に再嫁した。この手紙から、彼女が、常忍の老母によく仕えたが、体調はすぐれなかったことがわかる。

それにしても、日蓮への供養物として清酒が送られることが多いことは目を引くが、寒さ厳しい身延山で、体調を崩していた日蓮にとって、酒は心も体も温める必需品だったようだ。不飲酒戒などの戒律護持を宗《むね》とした忍性らと対照的であるが、戒律でも薬用の飲酒は許可されていた。

日蓮は、文永一一年（一二七四）六月一七日に身延山に入ってから、弘安五年（一二八二）に湯治のために常陸へ向かうまで九年間、身延山を一歩も出なかった。それゆえ、手紙によって、弟子や信者たちへ布教活動を行った。『日蓮遺文』には、そうした手紙が数多く採録されている。

身延山中での生活を支えようと、各地の信者からさまざまな品が届けられたのである。そのたびに、丁寧なお礼の手紙を書いている。富木常忍の妻への書状はその典型である。

本尊の授与をめぐるドラマ

日蓮は、曼荼羅本尊を信者に授与した。日蓮真蹟の曼荼羅本尊は一二〇幅以上伝わっている。日蓮は、信徒の求めに応じて本尊を授与したが、誰にでも与えたわけではなかった。その間の状況を知るうえで、文永一二年（一二七五）二月一六日付で、新尼御前《にいあまごぜん》に宛てた「新尼御前御返事」は興味深い。長くなるが引用しよう。

（前略）大尼御前《おおあま》（領家の尼）が御本尊の授与をお望みとのことですが、仰せを受けて思い悩んでいます。（中略）日蓮は全世界の中で、日本国の安房国の東条郡ではじめてこの正法を弘通し始めました。その結果、地頭が敵となったものの、かの勢力は既に半分が滅んでしまい、今は半分となっています。領家の大尼御前は偽り人で、愚か者で、ある時は信じ、ある時は破るというありさまだったが、日蓮が御勘気を蒙った時にはすっかり法華経を捨ててしまわれた。日蓮が以前お会いするたびごとに「法華経は最も信じ難く、理解し難い経典である」と申していたが、その通りである。大尼御前はこれまで日蓮が大恩を蒙ってきた人であるので、このたび、もしその身を扶《たす》けるためにこの御本尊を授け申し上げたならば、法華経の守護神である十羅刹女《じゅうらせつにょ》はきっと、日蓮は何とえこひいきな法師だろうと思われるだろう。また、経文に従って不信の人に御本尊を授け申し上げなければ、日蓮のえこひいきの疑いは晴れるものの、大尼御前はわが身の過失に気づくことなく、日蓮を逆恨みされることだろう。このことは詳しく助阿闍梨《すけのあじゃり》への手紙に書いておきました。ぜひ彼を招いて、大尼御前にお見せください。あなたは大尼御前のご一族であるけれども、そのご信心は目に見えて疑いようがありません。佐渡の国へ流された時も、この身延に隠棲してからも、たびたびの御志をたまわり、少しも怠る様子がお見えにならないので、御本尊をお渡しいたします。とはいえ、最後にはどうなられるかと思うと、あたかも薄氷を踏み、太刀《たち》に向かうような、はなはだ心もとない限りです。詳しいことはいずれまた申し上げます。ただし、鎌倉においても私が御勘気にあった時に、千人のうちの九百九十九人が退転しましたが、かの人々の中には、今は世間の風当たりが大分やわらいだこともあって、悔いている人々もあると聞いております、それらの人々に比べれば、大尼御前はましで、不憫《ふびん》に思い申し上げておりますが、「骨はどこまでも骨であって、肉と替えることはできない」と申しますように、法華経に違背されたことはけっして許されないということは、いつまでもはっきり申し上げて置きたいと存じます。恐恐謹言。

二月十六日　　日蓮（花押）

新尼御前御返事

引用した部分から、日蓮の故郷である安房国東条郷の領家の大尼御前が、一族の新尼御前を通じて、日蓮から大曼荼羅本尊を拝領したいという願いを述べたことがわかる。その願いに対して、大尼御前は、法華経を信じたり信じなかったりで、幕府から咎めを受けて配流されら時は法華経を捨てた、として授与しないと述べている。他方、新尼御前は信心がずっと変わらなかったとして授与を許可している。新尼御前は、大尼御前の娘と考えられている。現存する一二〇幅以上の日蓮真蹟の曼荼羅本尊には、同様の信仰をめぐるドラマが背後にあるのだろう。

熱原法難

弘安二年（一二七九）九月二一日に駿河国富士郡熱原《あつはら》（現・静岡県富士市厚原）の日蓮の門弟に対する弾圧事件が起こった。世に言う熱原法難である。以下、この法難について見ておこう。

日蓮は身延山に入り、以後、九年間にわたり一歩も外に出なかった。そこで、各地に散在する門弟たちが日蓮に代わって布教活動を行った。なかでも、日興は駿河国を中心として目覚ましい活動を展開した。

日興は、寛元四年（一二四六）三月八日に、甲斐国大井荘《おおいのしょう》鰍沢《かじかざわ》（現・山梨県南巨摩郡富士川町）に誕生した。幼少期に、駿河国蒲原荘（現・静岡県富士市）の天台宗寺院である四十九院に登った。日興は、天台宗系の官僧として、僧侶人生を始めた。日興がいつ日蓮に弟子入りしたかについては諸説あるが、文永初年とされる（高木豊「日興とその門弟」）。日興も、官僧身分を捨て、日蓮門下の遁世僧となったのである。

日興は、日蓮の佐渡流罪に際して、日蓮に随った。身延入山にも同行したが、日蓮に代わって駿河国への布教へ邁進したという。その努力の甲斐もあって、熱原の天台宗滝泉寺《りゅうせんじ》（現在の富士市入山瀬に所在した）の住僧日秀《にっしゅう》・日弁《にちべん》らも日興の弟子となっていた。これを快く思わなかった滝泉寺院主代の平行智《たいらのぎょうち》は、日秀が熱原の百姓を伴って刈田狼藉《かりたろうぜき》（他人の田畑の作物を刈り取り奪うこと）を行ったとして鎌倉幕府に訴えた。日秀らは、これを事実無根として逆に行智を訴えたが、鎌倉に護送された百姓のうち三名が斬首となった。日蓮はこの事件を局地的な事件とは見ずに、すべての日蓮宗徒への弾圧と捉え、弟子や門弟などに結束を呼びかけている。なお日秀・日弁は、甲斐国身延の日蓮のもとへ身を寄せて難を逃れた。

弘安の役と日蓮

弘安四年（一二八一）五月三日、蒙古軍が再度襲来した。前回の文永の役とは異なり、今回は日本側も周到な準備を行っていた。武士の動員体制もできていた。とりわけ、博多湾沿岸には二〇キロにわたって、石積《いしづみ》の防塁が建設されていた。長大な石塁は、当初は土手として築かれたが、比較的早い時期に前面が石塁に、やがて、前後ともに石塁となった。元寇《げんこう》防塁は元軍に対する馬防柵《ばぼうさく》として、最低限の高さ六尺（一・八メートル）を確保していた。その効果は抜群で、五月以降、閏七月一日まで博多湾南岸への元軍の上陸はほぼ阻止された。

元側は、至元《しげん》一六年（日本年号弘安二年）二月六日に南宋を完全に滅ぼし、その旧南宋軍（江南軍《こうなんぐん》ともいう）と高麗軍を配下に入れて、一〇万を超える軍兵で日本へ攻め入ったのである。しかしながら、日本側の善戦と台風（神風）による被害によって、元軍は大敗を喫して、ほうほうの体で逃げ帰った。

従来は、閏七月一日（元暦八月一日）に神風が吹いたために、一夜にして元船の大部分は大破して沈没し、残党はやっとのことで逃げ帰ったとされてきた。叡尊ら律僧たちは、朝廷からの依頼を受けて、石清水八幡宮で蒙古退散祈禱を行った。叡尊は八一歳という高齢であったが、大和・河内《かわち》の弟子の僧を率い、自らも愛染明王法などの導師を務めて、蒙古退散の祈禱を行った。その際、叡尊の持仏である西大寺の愛染明王の矢が西を指して飛び立った、という。ちょうどその頃、神風が吹いて蒙古の多くの軍船が沈んだと喧伝された。叡尊らの祈禱によって起こった神風により、蒙古軍は退散したとされた。そうした神風による劇的な蒙古軍退散により、叡尊・忍性ら律僧（真言宗も兼ねていたので、江戸時代以降には真言律宗）の祈禱力は大いに賞賛・宣揚されることになった。

もっとも、近年の研究によれば、元軍は台風によって打撃を受け、沈没した艦船もあったにせよ、それでも、閏七月五日、七日に日本軍が総攻撃をかけたのに対し激しく戦っていたことが明らかにされている。要するに、神風によって一夜にして蒙古軍の艦船が沈み、日本軍の勝利が決したわけではない。台風とその後の日本軍の攻勢によって、蒙古軍は退散したのである。

しかしながら、当時の貴族や僧侶らは、叡尊らの祈禱によって神風が吹き艦船が沈められ蒙古軍が一夜にして退散した、と喧伝した。

日蓮は、南宋を滅ぼした蒙古軍の再度の襲来により、「他国侵逼難」の予言が今度こそは当たり、日本は元に攻め込まれ、滅ぼされると確信していた。先述のように、建治元年（一二七五）の『撰時抄』では、朝廷、幕府らが日蓮に蒙古退散祈禱を依頼せず、真言僧らに祈禱を任せている現状を批判したうえで、日本が蒙古に滅ぼされると予言し、そうならなければ真言宗は勝れていると思ってよいと主張していた。

ところが、神風によって元軍は海底に沈んだ。日蓮の予言は外れたのである。他方、神風による蒙古撃退と信じられ、叡尊、忍性らの祈禱力は以前にも増して大いに評価されることになった。こうした弘安の役の結末は、日蓮や日蓮門下にとって予想外のことであった。次に引用するのは、日蓮が弘安四年（一二八一）一〇月二二日付で富木常忍宛に出した手紙（「富城入道殿《ときにゅうどうどの》御返事」）である。

今月十四日の御手紙が同十七日に到来しました。また去る閏七月十五日の御手紙も、同じく二十日頃に到来しました。そのほかたびたび貴殿の手紙を頂戴いたしましたが、老病であるうえに、また、食欲がない状況ですので、いまだ御返事を出さずにいましたことは、恐れ多いことです。何よりも去る閏七月のお便りの中に「九州では大風が吹きまして、浦々島々には破損した蒙古の船が溢れかえっており、また、京都には思円上人《しえん》（の祈禱のおかげ）」とあり、また「道理がはたしてあるだろうか」などとありますが、このことはとくにわが一門にとっての大事であり、総じて言えば、日本国全体の凶事です。よって、病を押してその一端を申し上げます。

富木常忍から、九州では大風が吹き、元軍が退散したのは、思円上人（叡尊）の祈禱によって大風が吹いたことによると京都ではされている、との知らせを聞いた日蓮は、病身を押して返事を書き、日蓮一門にとって重大事で、総じて日本国にとっても凶事だとして、門弟らに対して軽々しい言及を禁じている。

こうした状況変化を受けて、鎌倉極楽寺末寺の金沢称名寺の律僧円鏡《えんきょう》は、『捨邪帰正勧発《しゃじゃきせいかんはっ》抄《しょう》』を書いている。池田令道によれば、『捨邪帰正勧発抄』は、円鏡が述作した日蓮批判書であり、成立は日蓮晩年の弘安四年後半から同五年にかけてと推察される。弘安の役で蒙古軍が撤退したことを契機に、日蓮およびその門下檀越に対して教義的批判を展開したものだとする（「身延文庫蔵　円鏡撰『捨邪帰正勧発抄』に関する考察」）。

結局、当時の人々は、叡尊の祈禱によって、神風が吹き、元船は木《こ》っ端微塵《ぱみじん》となり、元軍は退散したと考え、その噂は富木常忍のいた下総にまで響き渡っていたのである。予言が外れたら真言が勝れていることを認めるとまで日蓮が挑発していた叡尊、忍性らの祈禱力の方が大いに評価されることになった。ここに日蓮は失意の状況に陥ったのである。そのうえ、身体的にも病魔におかされていた。

病身の日蓮

日蓮は、以下に引用する弘安元年（一二七八）六月二六日付の中務左衛門尉《なかつかさきえもんのじょう》（四条頼基）

に宛てた返事で、下痢の病に悩まされていたことがわかる。

　日蓮の下痢は去年の十二月三十日に発症し、今年の六月三日・四日は、日々その度合いを増し、月々に倍増しました。もはや寿命かと思っていたところ、貴殿の良薬を服用してからは日ごと月ごとに快方に向かい、今ではほとんど百分の一となりました。これは教主釈尊が貴殿の身に入れ替わられて、日蓮をお助け下さったのであろうか。また、地涌の菩薩が妙法蓮華経の良薬をお授け下さったのか、と疑っています。

　日蓮は、建治三年（一二七七）の年末以来、下痢に悩まされ、六月三、四日には重症化し、死を覚悟するほどであった。ところが、四条頼基が送ってくれた薬により、急激に良くなったことが、本書状によってわかる。

　日蓮は、弘安四年（一二八二）一二月八日に清酒など供養の品を送ってくれた上野殿母御前（南条時光の母）にお礼の手紙を書いた。少し長くなるが、当時の日蓮の状況がよくわかるので前半部を引用しよう。

　玄米を一駄、清酒を一筒、（中略）藿香《かっこう》（シソ科の薬草）を一紙袋、お送りいただきました。こちら身延の様子については、以前に申し上げた通りです。さて、文永十一年六月十七日にこの身延山に入ってから、今年十二月八日に至るまで、身延山中を一歩も出ていません。けれども、八ヵ年の月日の中で痩《や》せ病をわずらい、老齢になって、年々身体も弱くなり、心もぼんやりするようになりました。しかも、今年は春頃よりこの病を発症し、秋を過ぎてから冬の頃まで続き、身体は日ごとに衰え、夜ごとに症状は重くなり、ここ十日ほどは食事もほとんど喉を通っていません。その上、雪は降り積もり、寒さも厳しくなってきました。身体は冷えて石のようであり、胸は冷たく氷のようです。それゆえ、頂戴したお酒を温めて燗《かん》にし、藿香をぱっと食べきって、一緒にいただきましたところ、あたかも火を焚《た》いたように胸は熱く、身体は湯に浸かったように温かくなりました。流れ出る汗で垢《あか》を洗い落とし、足を濯《すす》ぎました。これらのお志に対し、なんと御礼を申し上げたらよいやらと嬉しく思っているところ、両眼から涙が一粒溢れました。

日蓮らしい表現で、上野殿母御前への感謝の気持ちが表現されている。この手紙からもわかるように、入山以来、痩せ病（下痢など消化器系の病気か）に苦しみ、加齢による体力低下もあり、体調は悪かったようである。文永一一年（一二七四）五月一七日に身延山に入ってから、弘安四年（一二八一）一二月八日に至るまでの九年間一歩も身延山を出なかったというが、厳しい気候の山中での生活は日蓮の健康を日々蝕《むしば》んでいたのであろう。

先述のように、弘安元年には良い薬を得てかなり回復していたが、弘安四年春頃には病気になり、一一月、一二月には食欲もなくすほど悪化していたことがわかる。同四年の一一月一日には、身延山上に一〇間《けん》四面の新坊が完成した。波木井実長が冬を前に日蓮の体調を気遣って寄進したと考えられている（中尾堯『日蓮』）。弘安元年（一二七八）一〇月二二日付の手紙では、身延山に来て、投薬治療を行った四条頼基に丁寧なお礼を述べているので、体調は弘安元年一〇月頃から再び悪化していたようである。

弘安五年（三年とする説もあり）三月一日、南条時光が身延山の日蓮の庵室を訪ね、四日まで滞在した。その際、時光は莚《むしろ》三枚とワカメをもってきた。時光の成長した姿を見た日蓮は「心は慰められ、痩せ病も治り、虎を取るほどの元気がわいて」（「莚三枚御書」）きたと喜び、山中では貴重な莚とワカメをもらい、感謝の意を表している。しかし、それは一時的な病状回復に過ぎず、弘安五年における日蓮の体調はますます悪化していった。

ところで、先に前半部を引用した弘安四年一二月八日付上野殿母御前宛の礼状の後半部には、南条時光の弟五郎（南条七郎五郎）の死を悼み、母親の悲しみに寄り添い、同情している心情がよく表れている。以下に引用する。

（前略）あれは誠だったのだろうかと胸がさわぐ子息五郎殿の逝去は、昨年の九月五日のことでした。指を折って数えてみれば、もうあれから足かけ二年、月にすると十六ヶ月、日にすると四百日余りが過ぎているのですね。あなたは母親なのですから、おそらく何らかの形でご子息からの知らせを受けていることでしょう。もしそうであれば、どうしてその様子を伝えてくださらなかったのだろう。昨年の冬に降った雪が今年もまた降りました。昨年の春に散った花も今年また咲きました。しかし、常の習いとはいえ、亡くなった人は二度と戻ってきません、ああ、何とも怨めしい限りであります。端から見ていても、頼もしい若者であることよ、立派な青年であることよ、玉のように美しい男であることよ。さぞかしどれほど親御さんは嬉しくお思いになっているだろうかと見ておりましたが、まるで満月に雲がかかったまま山の中へ隠れてしまったように、また今を盛りと咲き誇る花が理由もなく風に吹かれて散ってしまったように、五郎殿が突然亡くなってしまわれたことは、これ以上に嘆かわしいことはありません。日蓮は病気のために、皆さんからのお手紙に対して返事も書かずにおりましたが、故五郎殿のことは今でもあまりにも悲しく、また気掛かりでしたので、つい筆を執ってしまいました。私もこの先、そう長くはないことでしょう。きっと近いうちに五郎殿にお会いすることになると思います。母親であるあなたより先にお会いしましたら、母上がどれほど嘆き悲しんでいるかをお伝えいたしましょう。詳しいことはまた申し上げます。恐々謹言。

十二月八日　　日蓮

上野殿母御前御返事

この書状からは日蓮が息子を亡くした上野殿母御前を気遣っている様が彷彿とされる。まさに、本書状は信者の苦しみに寄り添う日蓮の姿がよく表れた名文である。

日蓮最後の手紙

弘安五年（一二八二）九月八日、日蓮は身延山を出て、常陸の湯へ向かった。温泉で治療するためであった。常陸加倉井《かくらい》（茨城県水戸市加倉井町）には波木井氏の所領があったからではないかと考えられている（宮崎英修『日蓮とその弟子』）。

病身の日蓮は馬に乗せられ、波木井実長の子弟が守護の役割を担い、日興ら弟子が付き従った。『元祖化導記《がんそけどうき》』『日蓮聖人註画讃』などによると、甲斐下山《しもやま》、大井、曽根《そね》、黒駒《くろこま》、河口《かわぐち》、駿河竹の下、相模岡本《さがみおかもと》、瀬谷《せや》を経て池上に到着している。身延山から北上し、富士の北麓《ほくろく》を経て、東に進み、関東平野へ入ったのである。九月一八日には、武蔵国池上郷（現・東京都大田区）の池上宗仲《むねなか》の屋敷に到着した。池上郷は鎌倉時代、池上左衛門大夫康光《やすみつ》の所領・居住地で、その子息宗仲および宗長《むねなが》の両人は日蓮に帰依していた（『日蓮聖人遺文辞典　歴史編』）。

翌九月一九日に日蓮は波木井実長に手紙を書いた。「波木井殿御報」である。長旅の疲れもあってか、日蓮は体調がすぐれず、日興に代筆させている。追而書《おってがき》（追伸）には、「所らうのあひた、はんきやう（判形）をくはへす候事、恐入《おそれいり》候」とあって、病気のために花押を据えられないと書かれている。よほど病状が悪化していたのであろう。この「波木井殿御報」が、日蓮最後の手紙とされている。残念ながら、本書状の原本も明治八年（一八七五）の身延山の火事で焼失して、今はない。

「波木井殿御報」には、以下のことが書かれている。まず、旅中は何事もなく池上に到着できたことや、その間の波木井一族の子弟の護衛を喜んでいる。重要なのは、病気なので生死が不定《ふじょう》だと述べ、死を覚悟する心中が述べられている点である。また、墓塔を身延山中の庵室の傍らに営むことを遺言している。さらに、旅に引き連れてきた五頭の馬のうち一頭は、栗鹿毛《くりかげ》（毛色が黄褐色）の馬で、とても素晴らしい馬で、いつまでも手放したくないと思っており、もし常陸の湯まで連れていったら、他人に取られることもあろうかと心配で、上総《かずさの》国《くに》の茂原《もばら》殿に預けることにした、と述べる。世話する舎人《とねり》は代えるのも心配なので、身延からのを付けることにしたいと願っている。

この手紙をもって、波木井実長の子息たちは、一九日に身延へ戻っていった。

日蓮の死と輪番守塔制

日蓮は、体調の悪化が進み、武蔵国池上宗仲の屋敷に逗留《とうりゅう》することになった。死を意識した日蓮は、一〇月八日に六人の本弟子を指名し、後事を頼んだ。日昭《にっしょう》（六二歳）、日朗《にちろう》（三八歳）、日興《にっこう》（三七歳）、日向《にこう》（三〇歳）、日頂（三一歳）、日持《にちじ》（三三歳）である。それから五日後の一〇月一三日辰《たつ》の刻（午前八時頃）、日蓮は波乱万丈の生涯を閉じたのである。六一歳であった。その時、大地が六種震動したという（中尾堯「日蓮聖人遷化の後先」）。六種震動というのは、「大地が六通りに揺れ動くこと。六種の揺れ方には諸説がある。釈尊の生涯の節目や、釈尊の説法が終わった時、あるいは菩薩が誓願を発した時などに起きる瑞相《ずいそう》とされる」（『新纂浄土宗大辞典』）。地涌の上行菩薩の化身とされた日蓮の入滅に相応《ふさわ》しい瑞相である。

その日蓮の枕もとには、大型の曼荼羅本尊が懸けられていた。「臨滅度時《りんめつどじ》の本尊」と呼ばれている。現在は、鎌倉妙本寺《みょうほんじ》に所蔵されているが、日蓮の最後を看取った曼荼羅であった。日蓮の臨終が近いとみた日朗が鎌倉法華堂から急いで池上に運んだものと推測されている（中尾『日蓮』）。

翌一四日、午後八時頃に、日蓮の遺体の入棺がなされ、葬送の儀が始まった。遺体は、真夜中の一二時に池上邸のかたわらの谷に用意された火葬場に運ばれた。棺《ひつぎ》の輿《こし》を運んだのは、

池上本門寺の大堂。池上本門寺提供。

日朗ら弟子たちであった。荼毘《だび》に付されたのは、一五日となった真夜中であった。遺骨の大部分は、骨壺《こつつぼ》に入れられて、後に身延山の墓所に運ばれた。

残りのわずかな遺骨は、唐金《からかね》の筒に納められ、後で荼毘の場所に建てられた墓堂に入れられた。後に、この筒は、池上本門寺（現・東京都大田区池上）の祖師堂に安置される日蓮聖人木像の胎内に納入された。この日蓮聖人木像は、日蓮の七回忌にあたる正応《しょうおう》元年（一二八八）に制作された（『日蓮聖人遺文辞典　歴史編』）ので、遺骨が納入されたのは、その際であろう。なお、本門寺は、長栄山《ちょうえいざん》といい、池上宗仲が日朗とともに、日蓮入滅の地である自邸を寺としたところである。

葬送が終わると、日蓮の遺物の配分などが行われた。日興が記した「御遺物配分帳」によれば、『注法華経』が日昭に、釈迦立像が日朗に、乗馬五頭が日向、日興、日持らに分与された。

日蓮の遺骨の入った骨壺は、遺言に従って、身延山へ運ばれ、日蓮の草庵北方の小丘に建てられた墓塔に納められた。翌弘安六年（一二八三）一月二三日、百日忌にあたり、墓所を守る輪番を記した番帳が作成された。弟子たちが、順番に一ヵ月ずつ交代で身延山に登り、日蓮の墓所を守る（日蓮の霊に仕える）輪番「守塔制《しゅとうせい》」が定められたのである。身延山の墓塔を中心に、教団の組織化が図られたのであり、その中心的担い手が先の六人の本弟子たち（日蓮の六老僧）であった。以後、日昭、日朗、日興、日向、日頂、日持を中心に全国に布教が担われることになったのである。

月番順は以下の通りであった。

正月　弁阿闍梨《べんあじゃり》（日昭）
二月　大国《だいこく》阿闍梨（日朗）
三月　越前公《えちぜんのきみ》　淡路公《あわじのきみ》
四月　伊予公《いよのきみ》（日頂）
五月　蓮華《れんげ》阿闍梨（日持）
六月　越後公《えちごのきみ》　下野公《しもつけのきみ》
七月　伊賀公《いがのきみ》　筑前公《ちくぜんのきみ》
八月　和泉公《いずみのきみ》　治部公《じぶのきみ》

九月　白蓮阿闍梨《びゃくれんあじゃり》（日興）
十月　但馬公《たじまのきみ》　卿公《きょうのきみ》（日目《にちもく》）
十一月　佐渡公《さどのきみ》（日向）
十二月　丹波公《たんばのきみ》　寂日房《じゃくにちぼう》

こうした輪番での守塔制は、交通不便な当時は実行困難であった。たとえば、日朗は鎌倉妙本寺（比企《ひき》の法華堂）と池上本門寺の住持を兼ねていたように、おのおのが身延山からは遠い所に拠点を有していたからである。そのために、甲斐・駿河国に縁の深い日興が、その門弟とともに身延山に在住し、墓守を任された。しかし、波木井氏が日向を身延山第二代と定めたこともあって、日興は身延山を下り、正応三年（一二九〇）に富士大石寺（現・静岡県富士宮市上条）を興し、そこに住した。以後、日蓮門流は各地に分派して、発展することになる。

おわりに

本書は、日蓮の人生を史料に即しつつ、分かりやすく明らかにすることに狙いがある。もっとも、そうした試みは既になされてきたとはいえる。だが、これまで日蓮を論じた書物は、日蓮系の教団に属する方によって書かれることが多く、ややバイアスがかかった研究もあった。そこで、本書では、できるだけ客観的に、歴史学的な手法を使って、日蓮の思想にも目配りしつつ平易に述べたつもりである。いわば、日蓮の実像を平易に語ろうとした。

とくに、本書の新しさの一つは、日蓮がライバル視した鎌倉極楽寺忍性といった律僧との関係にも大いに注目した点である。一例を挙げれば、文永八年（一二七一）の法難によって、日蓮は佐渡に配流された。この佐渡配流は、日蓮の宗教を変えたとされるほどである。その際、日蓮は、なぜ訴えられたのかなど、配流に至った事情を、これまで使われなかった日蓮教団側に残された史料の読み直しを通じて明らかにしたつもりである。

また、当然ながら本書を書くために、『日蓮遺文』を読み直した。日蓮は、数多くの自筆の手紙や書物を残している。それらは収集・編集されて『日蓮遺文』としてまとめられている。しかしながら、『日蓮遺文』には、日蓮に仮託して作成された偽書も収集されている。そのため、『日蓮遺文』を使う際には、注意が必要であることは言うまでもない。研究者によっては、日蓮の確実な真蹟の残る（または、かつて真蹟が存在した）遺文だけ（『平成新修日蓮聖人遺文集』）で、日蓮を論じる研究もある。確かに、それは日蓮を論じるうえでの、一つのやり方である。

私は、その点に十分に注意しつつも、史料批判を行って、偽書の疑いがある遺文もできるだけ使用しようとしている。というのは、喩えて言えば、一枚の偽札《にせさつ》があるということは、それとよく似た真札《しんさつ》が流通していたわけで、偽札も分析の仕方、使い方によっては、真札の分析に使用できるからだ。

本文で述べたことだが、『聖愚問答抄』のように、偽撰とされているものであっても、その内容から、当時の忍性ら律僧の活動はどのようなものであったか（日蓮教団がどう見、批判していたか）を知るうえでは、使えるはずである。つまり、偽書だからといって捨て去るのではなく、偽書も使い方次第で有効であると考えている。それゆえ、できる限り史料批判をしながら偽書とされる遺文も使用した。

たとえば、『三大秘法抄』のように、偽撰とされてきたが、近年は真撰とする見解もある遺文も、その内容・世界を明らかにすることに努めた。それがたとえ偽書であっても、近代において大きな意味をもったのであり、真偽の判定はしばらく差し置いて、正確な解釈・位置づけをしておくのは、重要であると考えたからである。

『日蓮遺文』を読み直して、闘う殉教者、末法の世に『法華経』（そのエッセンスである「南無妙法蓮華経」）を広める使命を負った上行菩薩の化身としての日蓮像と、信者の悩みに寄り添う優しい日蓮像のギャップには驚かされた。そうしたギャップについては、他の方も書いているが、本書によって、日蓮の両面性をきちんと表現できたならば幸いである。

私の専門は多岐にわたるが、鎌倉新仏教論こそライフワークである。一二世紀末から一四世紀初頭の鎌倉時代において、新しい仏教が続々と生まれた。いわゆる鎌倉新仏教であるが、私は、この「鎌倉新仏教とは何か」「鎌倉新仏教の新しさとは何か」などを研究してきた。浄土真宗の開祖親鸞と、真言律宗の開祖である叡尊および高弟忍性については、既に複数の著作を上梓《じょうし》した。それらの研究などによって、日本の中世における基本的な僧侶集団には、公務員的な僧である官僧と、官僧を離脱（当時、それは遁世と呼ばれた）した僧を核として成立した遁世僧僧団（身分としては私僧）の二つがあったことを明らかにした。このうち、遁世僧が新仏教の担い手と考えられる。この観点からすると、日蓮は遁世僧であり、日蓮の多彩な活動を理解するうえでも遁世僧として官僧の制約から自由であったことは重要である。

本書においても、この「官僧と遁世僧」の観点から、日蓮の人生を見直した。本書によって、日蓮の生き様が少しでも明らかにできることを願っている。

ところで、先述したように、日蓮は配流されたりしたこともあって、生きていた時代に布教に成功したとは言いがたい。やはり彼の名を高らしめたのは、「はじめに」で少し触れた近代の日蓮主義運動と創価学会などの新宗教の活動である。それゆえ、本書においてもそうした活動と日蓮について触れるべきかもしれないが、残念ながら、筆者にはいまだそれらに私見を述べる準備ができていない。別の機会を期したい。

本書では、当時の史料を数多く引用した。その際、漢文などで書かれた原文を書き下し文にして引用したかったが、基本的に現代語訳にしたものを載せた。それは読者の分かりやすさを最重視したためである。原文を見たい方は立正大学日蓮教学研究所編『昭和定本　日蓮聖人遺文一～四』などを参照されたい。

最後に、『法華経』の成立時期について述べておこう。日蓮は、『法華経』は釈迦のいわば最後の教えであり、それ以外のものよりも釈迦の真意が説かれたものと確信して「法華独勝」を説いた。宮沢賢治もそう信じていたはずである。しかし、仏教経典成立史の研究により、『法華経』は他の『阿弥陀経』『無量寿経』などの大乗仏典と同じく釈迦滅後数百年の後に成立したことが明らかになっている。とはいえ、日蓮の「南無妙法蓮華経」への思いは現代においても救いを与えている。

あとがき

本書の原稿を書き上げた今、ほんの少しだが満足感に浸っている。もう少し経てば、あれも、これも書けば良かったといった反省も出てきて憂鬱になるだろう。また、読者の厳しい批判も出るはずである。とはいえ、「あとがき」を書く時が一番気持ちが良い。

本書は、本来、中公新書の一冊として刊行した拙著『中世都市鎌倉を歩く』（一九九七）の後を受けて、すぐに刊行する予定であった。本文で述べたように、日蓮仏教を理解するうえで中世都市鎌倉は決定的に重要で、主要著作とされる『立正安国論』は鎌倉の民衆の置かれた状況を踏まえて書かれた。それゆえ、『中世都市鎌倉を歩く』を書く過程で理解できた日蓮を取り巻く状況を中心に、都市民の救済を目指す『日蓮』を書くつもりであった。しかし、執筆が完成できず、あっという間に二五年以上も経ってしまった。

それは、私の怠慢によるが、関心が叡尊・忍性、親鸞といった他の祖師らの研究に移ったからでもある。そのため、遠回りし、時間がかかってしまった。だが、日蓮をより相対的に見ることができるようになり、本書の執筆のうえで、その期間は無駄ではなかったと信じたい。とくに、本文で述べたように、日蓮と忍性との関係に関して研究が進んだのは大きな成果であることは間違いない。

また、本書執筆に際し、池田令道、佐々木馨、佐藤弘夫、末木文美士、中尾堯、花野充道、渡邊寶陽らの各氏には貴重なご教示を得た。そうした方々のご教示がなければ、本書は完成できなかったはずである。ここに記して感謝の意を表したい。

さらに、二〇年以上もの間に編集担当者も高橋真理子氏から並木光晴氏に代わった。本書の編集は並木氏のご協力のおかげである。

二〇二二年一一月に、出身地の長崎県雲仙市立図書館に「松尾剛次著作コーナー」ができた。私の生きた証《あかし》ともいえる拙著がずらりと並んだコーナーを見ると大いなる励みを与えられた。「生涯一研究者」を目指して、頑張ってきた甲斐があったと、しみじみ感じられた。拙《つたな》いながらも、それらが、故郷の人々にとってもお役に立てれば幸いである。

この著作コーナーの話を写真を見せながら並木氏に話したところ、「まだまだスペースがあるようですね。頑張ってもっともっと埋めてください」という、励ましの言葉をいただいた。本書もそのコーナーに飾られ、故郷の人々にも読まれることを願って筆をおこう。

令和五年五月五日

新緑の山形にて

松尾剛次

参考文献

池田令道「身延文庫蔵　円鏡撰『捨邪帰正勧発抄』に関する考察」『日蓮仏教研究』一一、二〇二〇
伊藤瑞叡編著『三大秘法抄なぜ真作か――計量文献学序説』隆文館、一九九七
植木雅俊『法華経とは何か』中央公論新社、二〇二〇
大谷栄一『近代日本の日蓮主義運動』法藏館、二〇〇一
川崎弘志「日蓮聖人の生涯と遺文の研究（一）」『法華仏教研究』12、二〇一二
大野達之助『新装版　日蓮』吉川弘文館、一九八五
川添昭二『日蓮　その思想・行動と蒙古襲来』清水書院、一九七一
川添昭二・中尾堯・渡辺宝陽・坂輪宣敬監修、中尾堯・寺尾英智編『図説　日蓮聖人と法華の至宝巻二』同朋舎メディアプラン、二〇〇〇
菊地大樹『吾妻鏡と鎌倉の仏教』吉川弘文館、二〇二三
久保田正文『日蓮　その生涯と思想』講談社、一九六七
坂井法曄「日興の生涯と思想（五）――日時作『御伝土代』おぼえがき」『興風』三〇、二〇一八
佐々木馨編『日本の名僧12　法華の行者日蓮』吉川弘文館、二〇〇四
佐藤進一『増訂　鎌倉幕府守護制度の研究』東京大学出版会、一九七一
佐藤弘夫「日蓮の後期の思想――王法と仏法との関係を中心として」『日本思想史学』九、一九七七
佐藤弘夫『日蓮　われ日本の柱とならむ』ミネルヴァ書房、二〇〇三
佐藤弘夫全訳注『日蓮「立正安国論」』講談社、二〇〇八

島田裕巳『ほんとうの日蓮』中央公論新社、二〇一五
清水真澄『鎌倉大仏』有隣堂、一九七九
白井永二編『新装普及版　鎌倉事典』東京堂出版、一九九二
末木文美士『日蓮入門』筑摩書房、二〇〇〇
平雅行「将軍九条頼経時代の鎌倉の山門僧」薗田香融編『日本仏教の史的展開』塙書房、一九九九
平雅行「鎌倉幕府と延暦寺」中尾堯編『中世の寺院体制と社会』吉川弘文館、二〇〇二
高木豊『日蓮とその門弟』弘文堂、一九六五
高木豊「日興とその門弟」『研究年報　日蓮とその教団』第四集、一九七九
高木豊「鎌倉名越の日蓮の周辺」『金沢文庫研究』二七二、一九八四
高木豊『日蓮』太田出版、二〇〇二
高橋慎一朗『中世の都市と武士』吉川弘文館、一九九六
高橋慎一朗『武家の古都、鎌倉』山川出版社、二〇〇五
田村芳朗『日蓮　殉教の如来使』日本放送出版協会、一九七五
辻善之助『日本仏教史　中世篇之二』岩波書店、一九四九
誕生寺文書編纂会編纂『誕生寺文書――日蓮聖人門下諸寺文書集影』誕生寺、一九九二
寺尾英智『日蓮聖人真蹟の形態と伝来』雄山閣出版、一九九七
寺尾英智「日蓮書写の覚鑁『五輪九字明秘密釈』について――日蓮伝の検討」中尾堯編『鎌倉仏教の思想と文化』、吉川弘文館、二〇〇二
中尾堯『日蓮』吉川弘文館、二〇〇一
中尾堯『日蓮真蹟遺文と寺院文書』吉川弘文館、二〇〇二
中尾堯「日蓮聖人遷化の後先～「御遷化記録」をめぐって」『法華文化研究』三三、二〇〇七
中尾堯「日蓮聖人伝と「ぬきなの御局」」庵谷行亨先生古稀記念論文集刊行会編『日蓮　教学とその展開』

山喜房佛書林、二〇一九
日蓮聖人の世界展制作委員会編『立宗七五〇年慶讃記念　図録日蓮聖人の世界』日蓮聖人の世界展実行委員会、二〇〇一
服部英雄『蒙古襲来と神風』中央公論新社、二〇一七
花野充道「『種々御振舞御書』の真偽をめぐる諸問題」『法華仏教研究』二八、二〇一九
保阪庸夫・小沢俊郎編『宮沢賢治 友への手紙』筑摩書房、一九六八
細川涼一訳注『関東往還記』平凡社、二〇一一
前川健一「中世日本の密教と日蓮」智山勧学会編『鎌倉仏教』大蔵出版、二〇二三
峰岸純夫「持犯文集紙背文書と極楽寺」『金沢文庫研究』二七二、一九八四
宮崎英修『日蓮とその弟子』平楽寺書店、再刊一九九七
森幸夫「北条氏と侍所」『國學院大學大学院紀要　文学研究科』一九、一九八七
山川智応『日蓮聖人伝十講』新潮社、一九二一（国立国会図書館デジタル版を使用）
渡邊寶陽『日蓮教学における本尊と信行の研究』日蓮宗新聞社、二〇二三

関連する拙著

松尾剛次『中世都市鎌倉の風景』吉川弘文館、一九九三
松尾剛次『勧進と破戒の中世史――中世仏教の実相』吉川弘文館、一九九五
松尾剛次『鎌倉新仏教の誕生　勧進・穢れ・破戒の中世』講談社、一九九五
松尾剛次『救済の思想――叡尊教団と鎌倉新仏教』角川書店、一九九六
松尾剛次『中世都市鎌倉を歩く』中央公論新社、一九九七
松尾剛次『新版　鎌倉新仏教の成立――入門儀礼と祖師神話』吉川弘文館、一九九八
松尾剛次『中世の都市と非人』法藏館、一九九八

松尾剛次『「お坊さん」の日本史』日本放送出版協会、二〇〇二
松尾剛次『日本中世の禅と律』吉川弘文館、二〇〇三
松尾剛次『忍性』ミネルヴァ書房、二〇〇四
松尾剛次『鎌倉古寺を歩く』吉川弘文館、二〇〇五
松尾剛次『山をおりた親鸞 都をすてた道元』法藏館、二〇〇九
松尾剛次『親鸞再考　僧にあらず、俗にあらず』日本放送出版協会、二〇一〇
松尾剛次『中世律宗と死の文化』吉川弘文館、二〇一〇
松尾剛次『葬式仏教の誕生』平凡社、二〇一一
松尾剛次『知られざる親鸞』平凡社、二〇一二
松尾剛次『中世叡尊教団の全国的展開』法藏館、二〇一七
松尾剛次『鎌倉新仏教論と叡尊教団』法藏館、二〇一九
松尾剛次『日本仏教史入門』平凡社、二〇二二
松尾剛次『増補　破戒と男色の仏教史』平凡社、二〇二三
Kenji MATSUO, A history of Japanese Buddhism, Global Oriental, 2007

事典

平凡社地方資料センター編『千葉県の地名』平凡社、一九九六
下中弘編『日本史大事典　四』平凡社、一九九三
『日蓮聖人遺文事典　歴史編』立正大学日蓮教学研究所、一九八五

資料

日興上人全集編纂委員会編纂『日興上人全集』興風談所、一九九六

米田淳雄編『平成新修日蓮聖人遺文集』日蓮宗妙法山連紹寺不軽庵、一九九四
立正大学日蓮教学研究所編『日蓮宗宗学全書第二』日蓮宗宗学全書刊行会、一九五九
立正大学日蓮教学研究所編『昭和定本　日蓮聖人遺文　一〜四』総本山身延山久遠寺、二〇〇〇年版
興風談所制作「御書システム2022」二〇二二

なお、データベース『桐』10s（管理工学研究所、二〇一七）上で運用される「御書システム」は大いに有用である。「日蓮遺文」のタイトルや系年については、「御書システム」のタイトルの方が『昭和定本日蓮聖人遺文』よりも適切な場合もあるので、「御書システム」のタイトル・系年に依った場合がある。

日蓮略年譜

（年齢は数え年）

和暦（西暦）	年齢	事項
貞応元年（一二二二）	一歳	安房国長狭郡東条郷片海に生まれる。
天福元年（一二三三）	一二歳	清澄寺に入る。
嘉禎三年（一二三七）	一六歳	道善房を師として出家し、是聖房蓮長と名乗る。
嘉禎四年（一二三八）	一七歳	清澄寺で「授決円多羅義集唐決」を書写する。この後、鎌倉へ留学か。
仁治三年（一二四二）	二一歳	「戒体即身成仏義」を著す。
建長三年（一二五一）	三〇歳	一一月、京都で「五輪九字明秘密釈」を書写する。
建長五年（一二五三）	三二歳	四月、清澄寺で「立教開宗」。この頃、名を日蓮と改める。
建長六年（一二五四）	三三歳	六月、「愛染感見記」「不動感見記」を著す。この頃、日蓮は東条景信と係争する。
建長八年（一二五六）	三五歳	この頃、鎌倉進出。
正元元年（一二五九）	三八歳	『守護国家論』を著す。
文応元年（一二六〇）	三九歳	『立正安国論』を著し、七月、北条時頼に提出。念仏者に草庵を襲われる（松葉ヶ谷の法難年）。
弘長元年（一二六一）	四〇歳	五月、伊豆に流される。
弘長二年（一二六二）	四一歳	「四恩抄」を著す。

弘長三年	（一二六三）	四二歳	二月、流罪赦免。
文永元年	（一二六四）	四三歳	安房に帰省する。一一月、東条郷松原で東条景信に襲撃される（小松原の法難年）。その後、下総国八幡荘に滞在。
文永二年	（一二六五）	四四歳	この頃から大師講を営む。
文永三年	（一二六六）	四五歳	一月、清澄寺で「法華題目抄」を著す。
文永五年	（一二六八）	四七歳	『立正安国論』を浄書し、北条時宗に提出しようとした。
文永六年	（一二六九）	四八歳	一二月、『立正安国論』を書写して矢木胤家に与える。
文永八年	（一二七一）	五〇歳	六月、忍性の祈雨祈禱を批判する。七月、行敏から法論を挑まれる。このあと、行敏、日蓮を幕府に訴える。九月、幕府、日蓮を逮捕する。この夜、竜ノ口で斬首されそうになるが、その後依智に向かう。一〇月一〇日、依智を出て佐渡に向かう。一〇月二八日、佐渡に上陸し、翌月塚原三昧堂に入る。
文永九年	（一二七二）	五一歳	一月、塚原で念仏者と法論を行う。二月、『開目抄』を著す。四月、塚原から一谷に移る。
文永一〇年	（一二七三）	五二歳	四月、『観心本尊抄』を著す。七月、「佐渡始顕本尊」を描く。
文永一一年	（一二七四）	五三歳	二月、流罪赦免。三月、鎌倉に入る。四月、平頼綱と会見し、蒙古問題を論じる。五月一二日、鎌倉を出て、一七日、甲斐国身延に着く。一〇月、蒙古軍（元・高麗連合軍）襲来するも撤退。
建治元年	（一二七五）	五四歳	六月、『撰時抄』を著す。
建治二年	（一二七六）	五五歳	七月、道善房の訃報を得て、『報恩抄』を著す。

弘安二年	（一二七九）	五八歳	九月、熱原で刈田狼藉の名目により、日秀らが弾圧を受ける（熱原法難）。
弘安四年	（一二八一）	六〇歳	五月、蒙古軍が再度襲来。閏七月、蒙古軍撤退する。一一月、身延に新坊が完成する。
弘安五年	（一二八二）	六一歳	九月八日、身延を出て常陸の湯に向かう。九月一八日、武蔵国の池上宗仲邸に到着、逗留。一〇月八日、六人の本弟子を指名。一〇月一三日入滅。

地図作成　ケー・アイ・プランニング

松尾剛次（まつお・けんじ）

1954年（昭和29年），長崎県に生まれる．東京大学文学部卒業後，同大学大学院に進む．東京大学文学博士．山形大学教授，東京大学特任教授，日本仏教綜合研究学会会長などを歴任．山形大学名誉教授．専門分野は日本中世史，宗教社会学．

著書『新版　鎌倉新仏教の成立』（吉川弘文館）
『勧進と破戒の中世史』（吉川弘文館）
『中世都市鎌倉を歩く』（中央公論新社）
『仏教入門』（岩波書店）
『太平記』（中央公論新社）
『日本中世の禅と律』（吉川弘文館）
『忍性』（ミネルヴァ書房）
『増補　破戒と男色の仏教史』（平凡社）
『中世律宗と死の文化』（吉川弘文館）
『中世叡尊教団の全国的展開』（法藏館）
『鎌倉新仏教論と叡尊教団』（法藏館）
『日本仏教史入門』（平凡社）
ほか多数

日《にち》蓮《れん》
中公新書 *2779*

2023年11月25日発行

著　者　松尾剛次
発行者　安部順一

本文印刷　暁印刷
カバー印刷　大熊整美堂
製　本　小泉製本

発行所　中央公論新社
〒100-8152
東京都千代田区大手町1-7-1
電話　販売 03-5299-1730
　　　編集 03-5299-1830
URL https://www.chuko.co.jp/

Published by CHUOKORON-SHINSHA, INC.
Printed in Japan　ISBN978-4-12-102779-5 C1221

中公新書刊行のことば

一九六二年一一月

いまからちょうど五世紀まえ、グーテンベルクが近代印刷術を発明したとき、書物の大量生産は潜在的可能性を獲得し、いまからちょうど一世紀まえ、世界のおもな文明国で義務教育制度が採用されたとき、書物の大量需要の潜在性が形成された。この二つの潜在性がはげしく現実化したのが現代である。

いまや、書物によって視野を拡大し、変りゆく世界に豊かに対応しようとする強い要求を私たちは抑えることができない。この要求にこたえる義務を、今日の書物は背負っている。だが、その義務は、たんに専門的知識の通俗化をはかることによって果たされるものでもなく、通俗的好奇心にうったえて、いたずらに発行部数の巨大さを誇ることによって果たされるものでもない。現代を真摯に生きようとする読者に、真に知るに価いする知識だけを選びだして提供すること、これが中公新書の最大の目標である。

私たちは、知識として錯覚しているものによってしばしば動かされ、裏切られる。私たちは、作為によってあたえられた知識のうえに生きることがあまりに多く、ゆるぎない事実を通して思索することがあまりにすくない。中公新書が、その一貫した特色として自らに課すものは、この事実のみの持つ無条件の説得力を発揮させることである。現代にあらたな意味を投げかけるべく待機している過去の歴史的事実もまた、中公新書によって数多く発掘されるであろう。

中公新書は、現代を自らの眼で見つめようとする、逞しい知的な読者の活力となることを欲している。

中公新書

宗教・倫理

中公新書

日本史

d2